P. Thirupalu
A. Padmalatha
Morusu Sivasankar

Historia Kalagnanamu napisana przez Sri Veera Brahmendrę Swamy

P. Thirupalu
A. Padmalatha
Morusu Sivasankar

Historia Kalagnanamu napisana przez Sri Veera Brahmendrę Swamy

Wydawnictwo Bezkresy Wiedzy

Cover image: www.ingimage.com

Publisher:
Wydawnictwo Bezkresy Wiedzy
is a trademark of
International Book Market Service Ltd., member of OmniScriptum Publishing Group
17 Meldrum Street, Beau Bassin 71504, Mauritius

Printed at: see last page
ISBN: 978-620-0-54738-5

Drogi czytelniku,

książka, którą posiadasz, została pierwotnie wydana pod tytułem "A brief History of Kalagnanam written by Sri Veera Brahmendra Swamy", ISBN 978-613-9-45269-9.

Jego publikacja w języku polskim jest możliwa dzięki zastosowaniu najbardziej zaawansowanej sztucznej inteligencji dla języków.

Technologia ta, uhonorowana pierwszą w historii Honorową Nagrodą Sztucznej Inteligencji w Berlinie we wrześniu 2019 r., naśladuje sposób działania ludzkiego mózgu, dzięki czemu jest w stanie uchwycić i przetłumaczyć nawet najmniejsze niuanse w bezprecedensowy sposób.

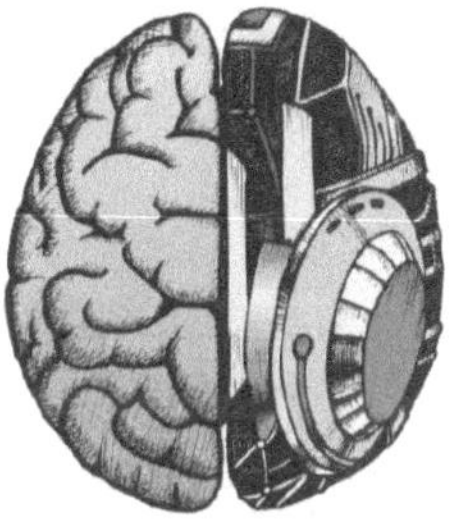

Mamy nadzieję, że znajdą Państwo wiele satysfakcji z tej książki i uprzejmie prosimy o uwzględnienie wszelkich rozbieżności językowych, które mogłyby wyniknąć z tego procesu.

Miłego czytania!

Wydawnictwo Bezkresy Wiedzy

Autorzy

Dr P. Thiripalu , pracujący jako konsultant naukowy w Katedrze Antropologii Uniwersytetu Sri Venkateswara w Tirupati od 2009 roku. Opublikował kilka artykułów w krajowych i międzynarodowych czasopismach i rozdziałach książkowych. Wydano mu jedną książkę o ludziach plemiennych. Przyznał AP CET 2018 oraz Dr Ambedkar Fellowship National Award w 2017 roku. Jest członkiem Stowarzyszenia Indyjskiego Kongresu Naukowego.

Smt. A. Padmalatha. Pracuje jako Inspektor Policji, Kobiet i Młodzieży Skrzydła, Komisariat Policji w Mahili, Kadapa. W 1998 roku została powołana na stanowisko Podinspektora Policji w Andhrze Pradesh. Nagradzała zgłoszenia do służby wojskowej, nagrody pieniężne, wyróżnienia, zgłoszenia do służby ogólnej, nagrody. Robiła "Garuda Sahayaks" w Tirumali dla Salakatla Brahmosthvas, Tirumala Tirupati Devasthanams, Tirupati w 2018 roku. Pełniła funkcję pełnomocnika ds. bezpieczeństwa osobistego (PSO) premierów i szefów rządów różnych krajów i państw.

Dr Morusu Siva sankar, MBA, M.Sc (IT), M.Tech, M.Com, P h.D i Post Doctoral Fellow (UGC) z S.V.University. Opublikował 90 artykułów w różnych czasopismach krajowych i międzynarodowych oraz jest autorem 25 książek. Uczestniczył i wygłaszał referaty na 36 seminariach krajowych i 2 międzynarodowych. Pracował w S.V.U. College of Engineering. Tirupati, A.P, Indie.

Podziękowania

Jesteśmy wdzięczni dynamicznemu wicekanclerzowi, profesorowi G.Janaki RamaiahS.V.UniversityTirupati i rejestratorowi, profesorowi M.DevarajuluNaidu, rejestratorowi R.K.AnuRadha, Dr. A . Sudhakariah S.V.University Tirupati.

B. Mohana, (emerytowanego) byłego rejestratora oraz dziekana wydziału i byłego szefa Wydziału Handlu Uniwersytetu S. V. w Tirupati.

Pragnę wyrazić moją szczególną wdzięczność dla Wikipedii, jest to czasopismo o największej wiedzy i głębokim zrozumieniu, które udowodniło, że informacja jest nieocenionym atutem w nadaniu obecnej postaci tej książki.

Szczególne podziękowania składam uczonym wydawnictwom prasowym Grupy Redakcyjne Niemiec.

Jestem bardzo wdzięczny szefowi Wydziału Handlu, Prof.B.RainaChandraReddy, Prof.B.BhagavanReddy, Prof.Ramakrishnaiah, Prof.P.R.SivaSankar, Prof.M.Rajasekhar, Prof.P.MohanReddy, Prof.M.Venkateswarlu, Prof.P.V.NarasaiahDr.K.JayachandraReddy, wykładowcy-członkowie Wydziału Handlu, S.V.University.Tirupati za ich cenną sugestię i zachętę.

Moja szczera wdzięczność dla profesora Ambatiego. RamaMohan Reddy profesor CSE, Prof. G.N predeep kumarProf of Civil, Prof. C. Changaiah Prof. EEE, Dr.A.Sudhakariah Department of future studies (Mastics Math Mastics) Prof. R. HariLal , Prof.G.R.K.Shrama

Z całego serca dziękuję panu Y.S. Rajashekarowi Reddy'emu, byłemu głównemu ministrowi AP; Smt. Y.S. Vijayammie, panu Y.S. Vivekananandzie Reddy'emu, byłemu ministrowi kadapy i panu Y.S. Jaganowi Mohanowi Reddy Y S R CP Andhrze Pradeshowi i TS.

Moje nieustanne modlitwy do Pana "Siedmiu Wzgórz" zaowocowały pomyślnym zakończeniem tej pracy i szukam również jego błogosławieństwa na świetlaną przyszłość.

Spis treści

"Vakra-Tunndda Maha-Kaaya Surya-Kotti Samaprabha". Nirvighnam Kuru Me Deva Sarva-Kaaryeshu Sarvadaa".

Oddałem mojego ukochanego boga, pana venkateswara swami.

Pōtulūri Veerabrahmēndra

Wprowadzenie

Pōtulūri Veerabrahmēndra Swami (Telugu: పోతులూరివీరబ్రహ్మేంద్రస్వామిPōtulūri Veerabrahmēndra również zromanizowała Potuluru Veerabrahmendra) była hinduską mędrcem i wyrocznią. Uważa się go za autora Kālaṅñānaṁ, książki przepowiedni na temat przyszłości. Jego prorocze teksty znane są również jako Govinda Vakyas. Napisał też Jeevaikya Bodha.

Data urodzenia i długość życia Vīrabrahmēndry są nieznane. Sprzeczne teorie mówią, że urodził się on albo w IX wieku (w celu uwzględnienia przepowiedni napisanych na stronie Kālaṅñānaṁ o upadku dynastii w IX wieku) albo w XVII wieku.

Legendarne konto: Według legendy, Veerabrahmam urodził się w parze religijnej Paripurnayacharya i Prakruthamba, którzy należeli do rodziny vishwabrahmin/vishwakarma/Achary w pobliżu rzeki Sarasvati w miejscowości Brahmandapuram. Para porzuciła Swamy w chwili narodzin, a Veerambrahmam został wychowany w Aszramie Atri Mahamuni niedaleko Kashi (dzisiejszy Varanasi). Później Veerabhojayacharya, szef Papagni Mutt, Chikballapur, Karnataka, był na pielgrzymce z żoną. Para odwiedziła aszram Sage Atri, a Sage Atri oddała dziecko tej parze. Otrzymali dziecko jako boski dar i wrócili do Papagni Mutt. Dziecko nazywało się "Veeram Bhotlaiah".

Veerabrahmendra Swamy, znany wówczas jako Veerambhotliah w Papagni Mutt, w wieku 11 lat stworzył Kalikamba Sapthashathi (rękopis napisany na cześć bogini Kali). Kilka dni później Veerabhojayacharya złożył ofiarę, a Veerambhotlayya powiedział swojej macosze, że odmówił przyjęcia obowiązków hołdu i rozpoczął swoją duchową podróż. Jego pierwszym uczniem był Dudekula Siddaiah. Ludzie zaczęli słuchać śpiewów i wierszy filozoficznych Veerambhotlaya, a na znak szacunku nazwali go "Sri Madvirat Pothuluri Veera Brahmendra Swami".

Dziedzictwo

1. Brahmam gari matam w dzielnicy Kadapa to centrum pielgrzymkowe w Andhra Pradesh. Veera Brahmendra Swamy napisała Kalagnanam w okręgu Kurnool.
2. W dzielnicy Cuddapah czczony jest sajewa samadhi matham Veerabrahmam w Kandi Mallayapalle.
3. Redaktor T. Ganapati Sastri z książki BrahmaTatwa Prakasika z Sadasivendra Saraswati (Trivandrum Sanskrit Series No VII), wydanej w 1909 roku, wspomina o tamilskim dziele Acharya-Darpana, które podobno szczegółowo opisuje jego czyny.
4. Srimadvirat Veerabrahmendra Swami Charitra to film o jego życiu z 1984 roku. Późniejszy główny minister Andhra Pradesh N. T. Rama Rao działał i reżyserował. Film stał się hitem w Andhra Pradesh.

Kalagnanam

Kalagnanam to słowo w języku Telugu cum sanskryckim, które oznacza "Wiedza o czasach". "Przepowiednia" to dokładne znaczenie tego słowa.

Kalagnanam ma wielu autorów, którzy przepowiadali przyszłość swoich czasów. Najbardziej znanymi z nich są Sri Madvirat Pothuluri Veera Brahmendra Swamy i Saint Sarvajna. Są też inne osoby, które opowiadały Kalagnanamowi, jak Eswaridevi Matam (wielka córka Weery Brahmendry Swamy), Jogin Subbaraya Sharma, Swami Madhavacharya (zwany też Wididaranya, minister Harihary I) i Dudekula Siddaiah (uczeń Weery Brahmendry Swamy).

Krótka część Kalagnanamu autorstwa Sri Veery Brahmendry Swamy, która była przechowywana w jego rodzinnym miejscu, została wydana w języku telugu jako książka w 1970 roku po raz pierwszy, wraz z kilkoma innymi dziełami proroka. Duża część przepowiedni wykonanych przez Veera Brahmendra Swamy jest podobno przechowywana pod drzewem banyan w wiosce Banaganapalle w okręgu Kurnool w Andhra Pradesh. Z krótkiego kontekstu Kalagnanam powiedział Veera Brahmendra Swamy, 320 wersów lub wierszy są bardzo popularne z nazwą "Govinda Vakyas".

Inny prorok, Święty Sarvajna przepowiedział od czasów rządów króla Bijjalaraya, że powstanie przyszłego Awatara, Veera Bhoga Vasanta Rayalu. Jego przepowiednie są w poetycki sposób nazywane "Dwipada". Cała część proroctw wypowiedzianych przez wielu świętych z Indii Południowych znajduje się w książce kalagnanam, która została opublikowana przez Brahmamgarimatam. Większa część zbioru proroctw Kalagnanam alias, opisuje nadchodzącego króla-cum-Avatara, Veera Bhoga Vasanta Rayalu i jego czyny. Około 70 procent proroctw mówi o nim, podczas gdy druga część opisuje wydarzenia, które miały się wydarzyć głównie w południowych Indiach.

Vishwakarma (kasta)

Społeczność **Vishwakarmy**, znana również jako **Vishwabrahmin**, to grupa społeczna Indii, czasami określana jako kasta. Społeczność składa się z pięciu podgrup - cieśli, kowali, kowali z brązu, złotników i kamieniarzy - którzy uważają, że są potomkami hinduskiego bóstwa Vishvakarman.

Oni czczą różne formy tego bóstwa i podążają za pięcioma Wedy-Rigveda, Jadżurveda, Samaweda, Atharvaveda i Pranava Veda.

Nazwa

Gminna nazwa Vishwakarma jest dość niedawno używana.Brytyjski Raj źle zrozumiał indyjski system kastowy jako nieelastyczną koncepcję opartą na warnie, ignorując wszelkie dowody na tworzenie i dezintegrację kastową powodowaną przez procesy rozszczepienia i fuzji społecznej. Ta błędna interpretacja, uformowana po części przez wzgląd na pracę braminów, spowodowała, że wiele społeczności aspiruje do oficjalnego uznania wyższego niż tradycyjny statusu społecznego, opierając się na twierdzeniach o pochodzeniu od elitarnych grup, takich jak Braminowie czy Kszatrija. Wśród zmian, jakie zaszły w tym okresie, administrator spisu powszechnego John Henry Hutton odnotował w 1931 r. kastę zwaną Vishwakarma, która była tworkiem administracyjnym zdefiniowanym jako wspólnota rzemieślników, którzy byli zróżnicowani geograficznie, ale wykonywali dość podobne zawody. Podobnie jak podobnie stworzeni Yadavs, którzy byli administracyjnym ugrupowaniem pastuchów, pasterzy i mleczarzy, Vishwakarma składała się z wielu różnych kast.

Społeczność preferuje nową nazwę, która ma wyraźne poparcie w XII-wiecznych napisach odnoszących się do kowali i rzeźbiarzy należących do kuli Vishwakarma, chociaż Vijaya Ramaswamy zauważa, że "... społeczność Vishwakarma w sposób oczywisty przecina linie kastowe" i "... składa się z pięciu społecznie i ekonomicznie zróżnicowanych jatisów". Przed okresem Raj, społeczności te były określane przez takie nazwy jak Kammalar we współczesnym Tamil Nadu i Kerala, Panchalar w Karnataka i Panchanamuvaru w Andhra Pradesh, podczas gdy istnieją również średniowieczne napisy, które odnoszą się do nich jako Rathakara i Kammala-Rathakararar.

Mity o pochodzeniu

Wspólnota twierdzi, że pochodzi od boga Vishvakarmy, który jest uważany przez hinduistów za boskiego architekta lub inżyniera wszechświata. Miał pięcioro dzieci Manu, Maya, Tvastar, Shilpi i Visvajna i te są uważane przez społeczność Vishwakarma za przodków ich pięciu podgrup, będących odpowiednio gotrami (klanami) kowali, stolarzy, dzwonników (metalowe kółka), kamieniarzy i złotników. Nie wiadomo, czy te pięć podgrup historycznie praktykowało endogamię, która jest często spotykaną cechą indyjskiego systemu kastowego.

Mity o pochodzeniu społeczności Vishwakarma zostały po raz pierwszy utrwalone na początku XVIII wieku, w okresie rządów brytyjskich kolonialnych. Mity te zostały opracowane w formie Vishvakarma Puranam, którego oryginalny rękopis jest niedatowany, ale prawdopodobnie powstał w połowie XVII lub XVIII wieku. Zgodnie z popularnym mitem zapisanym w Vishvakarma Puranam, piątka dzieci boga Vishvakarmy służyła bogom jako rzemieślnicy i posiadała zdolność do tworzenia rzeczy po prostu wyobrażając je sobie. Zachowali swoją veerya, będąc celibatami, i mieszkali w forcie na wybrzeżu Ilangapuri (Sri Lanka). Fort został zbudowany z kamienia węgielnego, a broń rzucona w niego przez wroga była przyklejona do jego murów, czyniąc go niepokonanym. Ich głównym wrogiem był Karunakaran, wasal cesarza Choli. Aby pokonać Vishwakarmas, Karunakaran zasadził w forcie wiele pięknych kobiet (Brahminów według niektórych wersji legendy). Kobiety te wyszły za mąż za Vishwakarmas, niszcząc w ten sposób ich duchową moc, i poznały sekret, że pewien rodzaj trującej trawy może być użyty do spalenia fortu. Wykorzystując tę tajemnicę, wróg wysadził fort, a Vishwakarmowie zostali rozproszeni po różnych obszarach, gdzie zmuszeni byli pracować jako rzemieślnicy i rzemieślnicy dla śmiertelnych ludzi.

Historia

Podczas gdy wiele źródeł powołuje się na pięć podgrup Vishwakarmy jako rzemieślników, Ramaswamy uważa, że Vishwakarma z okresu średniowiecza powinna być wyróżniona jako rzemieślnicza, argumentując, że "... podczas gdy każdy rzemieślnik był rzemieślnikiem, każdy rzemieślnik nie był rzemieślnikiem". Ramaswamy zauważa, że społeczno-ekonomiczna i geograficzna stabilność średniowiecznego, wiejskiego twórcy pługów znacznie różniła się od stabilności różnych ludzi, którzy połączyli się jako Vishwakarma i prowadzili stosunkowo wędrowny tryb życia, który był zależny od "gospodarki świątynnej", która woskowała i zanikała, ponieważ dynastie takie jak Imperium Vijayanagar były tworzone i rozpadały się. Ta ostatnia grupa, która przy budowie i upiększaniu świątyń pracowała blisko siebie, miała możliwości rozwoju społeczno-gospodarczego, ale także poniosła ryzyko wycofania się z mecenatu i zmiany orientacji religijnej.

Pozycja w społeczeństwie

Vishwakarma od wielu lat cieszy się wyższym statusem społecznym i wierzy, że tradycyjnie wykonywane przez nich zawody przewyższają pracę robotnika ręcznego, ponieważ wymagają zarówno umiejętności artystycznych i naukowych, jak i ręcznych. Według George'a Varghese'a, ich twierdzenie o wysokim statusie jest "jednym z filarów tożsamości Vishwakarmy" w tym, co poza tym jest rozdrobnioną, niespójną społecznością, która często cierpiała z powodu wewnętrznych różnic zdań.

Ich twierdzenie zostało wypowiedziane przez Edęvę Somanathan, członka społeczności i jej jedynego historyka w słowie pisanym. Dzieła Somanathana, według Varghese'a, "...są pisane z perspektywy prospołecznej. Dlatego jest w nich wiele przesady i antybraminowych tirad". Somanathan twierdzi, że grupy rzemieślnicze były częścią cywilizacji Doliny Indusów, poprzedzając przybycie Braminów i ich kastowy podział społeczeństwa. Twierdzi, że niezwykłe osiągnięcia są widoczne zarówno w sztuce, jak i w nauce w tej egalitarnej epoce sprzed Brahminu, w tym w budowie samolotów.

To twierdzenie o statusie Braminów nie jest powszechnie akceptowane poza wspólnotą, pomimo przyjęcia przez nich pewnych cech wysokiej jakości, takich jak noszenie świętej nici i braminizacja ich rytuałów. Na przykład socjolog M. N. Srinivas, który opracował koncepcję sanskrytyzacji, zestawił sukces kasty Lingayat w osiąganiu postępu w społeczeństwie Karnataki za pomocą takich środków z porażką Vishwakarmy w osiągnięciu tego samego. Ich pozycja jako kasty lewicowej nie sprzyjała ich ambicjom. Zostały one umieszczone na liście innych klas wstecznych w niektórych stanach północnych Indii.

Synonimy

Tamil Nadu

Tamilskie Vishwakarmy są lokalnie znane jako Kammalar, choć wolą być znane jako Vishwakkarma Dzielą się na Kannar (mosiężniarze), Kollar (kowale), Tattar (złotnicy), Tatchar (stolarze) i Kartatchar (rzeźbiarze).

Karnataka

Kasta Vishwakarma w południowej Karnataka składa się z kilku podcastów: Kulachar, Uttaradi (złotnicy), Matachar (założyciele), Muulekammaras i Chikkamanes. Podkasty robią międzymałżeństwo i mają hierarchię między sobą.

Vedas

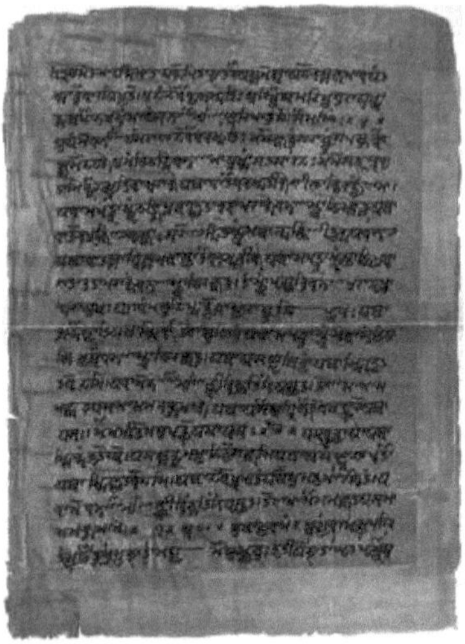

Wedy są starożytnymi sanskryckimi tekstami hinduizmu. Na górze: Strona z *Atharvaveda*.

Wedy (/ˈveɪdəz, ˈviː-/; Sanskryt: वेद *veda,* "wiedza") są dużym zbiorem tekstów religijnych pochodzących ze starożytnych Indii. Złożone w sanskrycie wedyjskiej teksty stanowią najstarszą warstwę literatury sanskryckiej i najstarsze pisma hinduistyczne. Hinduiści uważają Wedę za apauruṣeya, co oznacza "nie z człowieka, nadludzkiego" i "bezosobowego, bez autorstwa".

Wedy nazywane są również literaturą *śruti* ("co słychać"), co odróżnia je od innych tekstów religijnych, które nazywa się *smṛti* ("co się pamięta"). Wedy, dla ortodoksyjnych teologów indyjskich, są uważane za objawienia widziane przez starożytnych mędrców po intensywnych medytacjach i tekstach, które są dokładniej zachowane od czasów starożytnych. W hinduskiej epopei Mahabharata, stworzenie Wedy przypisuje się Brahma The Vedic hymny sami twierdzą, że zostały one umiejętnie stworzone przez *Rishis* (mędrców), po natchnionej kreatywności, tak jak stolarz buduje rydwan.

Zgodnie z tradycją *Vyasa* jest kompilatorem Wedy, który ułożył cztery rodzaje *mantry* w cztery *Samhity*. Istnieją cztery Wedy: Rigweda, , Samaveda i Atharvaveda. [15][16] Każda Wedy została podzielona na cztery główne typy tekstów - Samhity (mantry i błogosławieństwa), Aranyakas (tekst o rytuałach, obrzędach, poświęceniach i symbolicznych ofiarach), Brahmany (komentarze do rytuałów, obrzędów i poświęceń) oraz Upaniszady (teksty omawiające medytację, filozofię i wiedzę duchową). Niektórzy uczeni dodają piątą kategorię - Upasanas (kult).

Różne indyjskie filozofie i wyznania zajmowały różne stanowiska wobec Wedy. Szkoły filozofii indyjskiej, które cytują Wedę jako swój autorytet biblijny, są klasyfikowane jako "ortodoksyjne" (āstika). Inne tradycje śramaṇa, takie jak Lokayata, Carvaka, Ajivika, buddyzm i dżinizm, które nie uważały Wedy za autorytety, określane są jako szkoły "heterodox" lub "nieortodoksyjne" (nāstika). Pomimo różnic, podobnie jak w przypadku tekstów z tradycji śramaṇa, warstwy tekstów w Wedach omawiają podobne idee i pojęcia.

Etymologia i użytkowanie

Sanskryckie słowo *véda* "wiedza, mądrość" pochodzi od korzenia *vid-* "wiedzieć". Został on zrekonstruowany jako wywodzący się z korzenia proto-Indo-europejskiego **u̯eid-*, co oznacza "patrz" lub "wiedz", poznaj do greckiego (ϝ)εἶδος "aspekt", "forma". To nie jest do pomylenia jest homonimiczny 1-sza i 3-cia osoba singular czasu doskonałego *véda*, poznawanie do greckiego (ϝ)οἶδα *(w)oida* "Wiem". Korzenne kognitywy to: grecki ἰδέα, angielskiwit itp., latynoamerykański "widzę" itp.

Sanskrycki termin *Veda* jako wspólny rzeczownik oznacza "wiedzę". Termin ten w niektórych kontekstach, takich jak hymn 10.93.11 z *Rigwedy*, oznacza "uzyskanie lub znalezienie bogactwa, własności", podczas gdy w innych oznacza "kiść trawy razem", jak w miotle lub na rytualnym ogniu.

Związane z tym słowo *Vedena* pojawia się w hymnie 8.19.5 *Rigvedy*. Został on przetłumaczony przez Ralpha T. H. Griffitha jako "rytuał lore", jako "studiowanie Wedy" przez XIV-wiecznego indyjskiego uczonego Sayanę, jako "wiązka trawy" przez Maxa Müllera i jako "z Wedą" przez H.H. Wilsona.

Wedy są nazywane *Maṛai* lub *Vaymoli* w części południowych Indii. Marai dosłownie oznacza "ukryty, sekret, tajemnica". Ale Tamil Naanmarai wspomniany w Tholkappiamie nie jest sanskryckim Vedasem. W niektórych południowoindyjskich społecznościach, takich jak Iyengars, słowo Veda obejmuje tamilskie pisma świętych Alvara, takich jak Divya Prabandham, na przykład Tiruvaymoli.

Chronologia

Wedy należą do najstarszych świętych tekstów. Samhity datowane są na około 1700-1100 lat p.n.e., a teksty "circum-Vedic", jak również redakcja Samhitów, datowane są na około 1000-500 lat p.n.e., co skutkuje okresem wedyjskim, obejmującym od połowy drugiego do połowy pierwszego tysiąclecia p.n.e., czyli późnej epoki brązu i epoki żelaza. Okres Wedyjski osiąga swój szczyt dopiero po skomponowaniu tekstów mantry, wraz z ustanowieniem różnych shakhas w całych północnych Indiach, które przypisały mantrze samitę z dyskusjami Brahmana na temat jej znaczenia, i osiąga swój koniec w wieku Buddy i Panini oraz powstaniem Mahadżanapad (archeologicznie, Północny Czarny Szlifowany Ware). Michael Witzel podaje przedział czasowy od ok. 1500 do ok. 500-400 lat p.n.e. Witzel nawiązuje w szczególny sposób do materiału Near Eastern Mitanni z XIV wieku p.n.e., jedynego zapisu epigraficznego współczesnego Indo-Aryjczyka z okresu rigwedy. Daje 150 lat p.n.e. (Patañjali) jako terminus ante quem dla całej sanskryckiej literatury wedyjskiej, a 1200 lat p.n.e. (wczesny wiek żelaza) jako terminus post quem dla Atharvaveda.

Przekazywanie tekstów w okresie wedyjskim odbywało się tradycją ustną, zachowaną z precyzją przy pomocy misternych technik mnemotechnicznych. Tradycję literacką można prześledzić w czasach post-wedycznych, po wzroście buddyzmu w okresie mauretańskim, być może najwcześniej w kanwańskiej recenzji Jadżurwedy około I wieku p.n.e.; jednak ustna tradycja przekazu pozostała aktywna. Witzel proponuje możliwość pisania tekstów wedyjskich pod koniec I tysiąclecia przed Chrystusem. Niektórzy uczeni, tacy jak Jack Goody, twierdzą, że "Wedy nie są wytworem społeczeństwa ustnego", opierając ten pogląd na porównaniu niespójności w przekazywanych wersjach literatury z różnych społeczeństw ustnych, takich jak greckie, serbskie i innych kultur, a następnie zauważając, że literatura wedyjska jest zbyt spójna i obszerna, aby mogła być komponowana i przekazywana ustnie przez pokolenia, bez zapisu. Jednakże, dodaje Goody, teksty wedyjskie prawdopodobnie obejmowały zarówno tradycję pisaną, jak i ustną, nazywając ją "równoległym produktem społeczeństwa literackiego".

Ze względu na efemeryczny charakter materiału rękopiśmiennego (kora brzozy lub liście palmy), przetrwałe rękopisy rzadko przekraczają wiek kilkuset lat. Uniwersytet w Sampurnandzie i Sanskrycie posiada rękopis w Rigwedzie z XIV wieku, jednak w Nepalu znajduje się wiele starszych rękopisów z Wedy, które pochodzą z XI wieku.

Starożytne uniwersytety

Wedy, rytuały wedyjskie i ich nauki pomocnicze zwane Wedyangami, były częścią programu nauczania na starożytnych uniwersytetach, takich jak Taxila, Nalanda i Vikramashila.

Kategorie tekstów wedyjskich

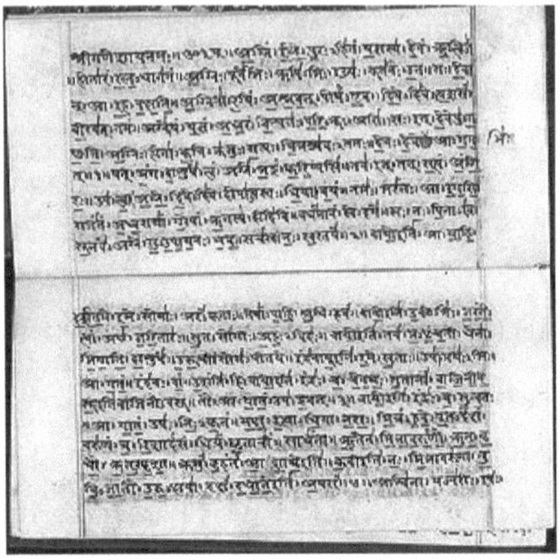

Rękopis Rigwedy w Devanagari

Termin "teksty wedyjskie" jest używany w dwóch różnych znaczeniach:

1. Teksty skomponowane w sanskrycie wedyjskim w okresie wedyjskim (epoka żelaza w Indiach)
2. Każdy tekst uważany za "związany z Wedami" lub za "następstwo Wedy".

Korpus sanskrytu wedyjskiego

Korpus sanskryckich tekstów wedyjskich zawiera:

1. Samhity (sanskryt saṃhitā, "kolekcja"), to zbiory tekstów metrycznych ("mantry"). Istnieją cztery "Wedyjskie" Samhity: Rig-Veda, Sama-Veda, Jajur-Veda i Atharva-Veda, z których większość jest dostępna w kilku recenzjach (śākhā). W niektórych kontekstach, termin Veda jest używany w odniesieniu do tych Samhitów. Jest to najstarsza warstwa tekstów wedyjskich, poza hymnami rigwedyjskimi, które zostały prawdopodobnie ukończone do 1200 r. p.n.e., datowana na ok. XII-X w. p.n.e. Kompletny korpus mantry Wedyjskiej zebrany w Concordance Wedyjskiej Bloomfielda (1907)

składa się z około 89 000 padów (stóp metrycznych), z czego 72 000 występuje w czterech Samhitach.

2. Brahmany są tekstami prozatorskimi, które komentują i wyjaśniają uroczyste rytuały, a także wyjaśniają ich znaczenie i wiele związanych z nimi tematów. Każdy z Brahmanów jest związany z jedną z Samhitów lub jej recenzjami. Brahmany mogą tworzyć oddzielne teksty lub mogą być częściowo włączone do tekstu Samhitów. Mogą one również obejmować Aranyakas i Upanishady.
3. Aranyakas, "teksty z puszczy" lub "traktaty leśne", zostały skomponowane przez ludzi, którzy medytowali w lesie jako reklasyfikacje i są trzecią częścią Wedy. Teksty zawierają dyskusje i interpretacje ceremonii, od rytualnych do symbolicznych meta-rytualnych punktów widzenia. Jest on często czytany w literaturze wtórnej.
4. Starsze Mukhya Upanishady (Bṛhadāraṇyaka, Chandogya, Kaṭha, Kena, Aitareya i inne).

Wedy (sruti) różnią się od tekstów z epoki wedyjskiej, takich jak Sutry Szrauta i Sutry Gryha, które są tekstami smriti. Wedy i te sutry stanowią razem część sanskryckiego korpusu wedyjskiego.

Podczas gdy produkcja Brahmany i Aranyakasa ustała wraz z końcem okresu wedyjskiego, po zakończeniu tego okresu powstały dodatkowe Upanishady.

Brahmany, Aranyakas i Upanishady, między innymi, interpretują i omawiają Samhity na filozoficzne i metaforyczne sposoby badania abstrakcyjnych pojęć, takich jak Absolut (Brahman) i dusza lub ja (Atman), wprowadzając filozofię Vedanta, jeden z głównych trendów późniejszego hinduizmu. W innych częściach ukazują one ewolucję idei, np. od rzeczywistego poświęcenia do symbolicznego poświęcenia, oraz duchowości w Upanishadach. To zainspirowało późniejszych hinduskich uczonych, takich jak Adi Shankara, do sklasyfikowania każdej Vedy jako karma-kanda (कर्मखण्ड, sekcje dotyczące działania/duchowości) i jnana-kanda (ज्ञानखण्ड, sekcje dotyczące wiedzy/duchowości).

Literatura Shruti

Teksty uważane za "wedyjskie" w znaczeniu "następstwa Wedy" są mniej wyraźne i mogą zawierać liczne teksty post-wedyjskie, takie jak późniejsze Upaniszady i literatura sutra. Teksty nieuznawane za skurczowe znane są jako smriti (sanskryt: smṛti; "zapamiętane"), lub teksty zapamiętanych tradycji. Ten autochtoniczny system kategoryzacji został przyjęty przez Maxa Müllera i choć jest on przedmiotem pewnej debaty, nadal jest szeroko stosowany. Jak wyjaśnia Axel Michaels: Klasyfikacje te są często nie do utrzymania ze względów językowych i formalnych: Istnieje nie tylko jedna kolekcja w danym momencie, ale raczej kilka przekazywanych w oddzielnych szkołach wedyjskich; Upaniṣads ... niekiedy nie można odróżnić od Āraṇyakas...; Brāhmaṇas zawiera starsze warstwy językowe przypisane do Saṃhitās; istnieją różne dialekty i lokalnie wybitne tradycje szkół wedyjskich. Niemniej jednak wskazane jest trzymanie się podziału przyjętego przez Maxa Müllera, ponieważ jest on zgodny z tradycją indyjską, dość dokładnie oddaje sekwencję historyczną i stanowi podstawę aktualnych wydań, tłumaczeń i monografii literatury wedyjskiej".

Upanishady to w dużej mierze dzieła filozoficzne, niektóre w formie dialogu. Są one podstawą hinduskiej myśli filozoficznej i jej różnorodnych tradycji. Z Korpusu Wedyjskiego, tylko one są powszechnie znane, a główne idee Upaniszad znajdują się w duchowym rdzeniu Hindusów.

Szkoły wedycyjne lub recenzje

Cztery Wedy zostały przekazane w różnych śākhās (filie, szkoły). Każda szkoła prawdopodobnie reprezentowała starożytną społeczność z danego obszaru lub królestwa. Każda szkoła postępowała według własnego kanonu. Dla każdej z Wedów znane są różne recenzje. Tak więc, stwierdza Witzel, jak i Renou, w II tysiącleciu p.n.e., prawdopodobnie nie istniał żaden kanon jednego szeroko przyjętego tekstu wedyjskiego, żadnego "Pisma Świętego" wedyjskiego, a jedynie kanon różnych tekstów przyjętych przez każdą szkołę. Niektóre z tych tekstów przetrwały, większość zaginęła lub nie została jeszcze odnaleziona. Rigveda który przetrwać w nowożytny czas, na przykład, być w tylko jeden niezwykle dobrze konserwować szkoła Śåkalya, od region dzwonić Videha, w nowożytny północny Bihar, na południe od Nepal.Kanon Wedyjski w całości składa się z tekstów pochodzących z różnych szkół wedyjskich razem wziętych.

Każda z czterech Wedy została podzielona przez liczne szkoły, ale zostały one poddane rewizji, interpolacji i adaptacji lokalnie, w okresie wedyfikacyjnym i po nim, co doprowadziło do różnych recenzji tekstu. Niektóre teksty zostały zrewidowane do epoki nowożytnej, co wywołało znaczną debatę na temat tych części tekstu, które w późniejszym czasie zostały prawdopodobnie uszkodzone. Wedy mają Indeks lub Anukramani, głównym dziełem tego rodzaju jest Indeks ogólny lub Sarvānukramaṇī.

Starożytna kultura indyjska wykorzystywała energię religijną, dbając o to, aby teksty te były przekazywane z pokolenia na pokolenie z nadmierną wiernością. Na przykład, zapamiętywanie świętej Wedy obejmowało do jedenastu form recytacji tego samego tekstu. Teksty te zostały następnie "skorygowane" poprzez porównanie różnych recytowanych wersji. Formy recytacji zawierały jaṭā-pāṭha (dosłownie "recytacja siatkowa"), w której każde dwa sąsiadujące ze sobą słowa w tekście były najpierw recytowane w oryginalnej kolejności, następnie powtarzane w odwrotnej kolejności, a na końcu powtarzane w oryginalnej kolejności. O skuteczności tych metod świadczy zachowanie najstarszego indiańskiego tekstu religijnego, Rigwedy, zredagowanego w jednym tekście w okresie Brahmany, bez jakichkolwiek wariantów odczytów w tej szkole.

Wedy zostały prawdopodobnie po raz pierwszy spisane około 500 lat p.n.e. Jednak wszystkie drukowane wydania Wedy, które przetrwały w czasach nowożytnych, są prawdopodobnie wersją istniejącą około XVI wieku.

Kanoniczny podział Wedy jest czterokrotny (turīya) viz

1. Rigveda (RV)
2. Yajurveda (YV, z głównym działem TS vs. VS)
3. Samaveda (SV)
4. Atharvaveda (AV)

Z nich trzy pierwsze były głównym pierwotnym podziałem, zwany również "*trayī vidyā*"; to znaczy "potrójna nauka" recytacji hymnów (Rigveda), składania ofiar (Yajurveda), i śpiewania pieśni (Samaveda). Rigweda jest najstarszym dziełem, które według stanu Witzel jest prawdopodobnie z okresu od 1900 do 1100 r. p.n.e. Witzel, zauważa również, że jest to sam okres Wedyjski, gdzie początkowe listy dzielą teksty wedyjskie na trzy (trayī) lub cztery gałęzie: Rig, Yajur, Sama i Atharva.Każda Wedy została podzielona na cztery główne typy tekstów - Samhity (mantry i błogosławieństwa), Aranyakas (tekst o rytuałach, obrzędach, takich jak obrzędy przejścia noworodka, dojrzewanie, małżeństwa, emerytura i kremacja, poświęcenia i symboliczne ofiary), Brahmany (komentarze do rytuałów, obrzędów i poświęceń) oraz Upaniszady (tekst omawiający medytację, filozofię i wiedzę duchową).

Upasanas (krótkie sekcje związane z kultem rytualnym) są uważane przez niektórych uczonych za część piątą. Witzel zauważa, że rytuały, obrzędy i ceremonie opisane w tych starożytnych tekstach w dużym stopniu rekonstruują indoeuropejskie rytuały małżeńskie obserwowane w regionie obejmującym subkontynent indyjski, Persję i obszar europejski, a niektóre szczegóły znajdują się w tekstach z epoki Wedyjskiej, takich jak Grhya Sūtras.

Wiadomo, że tylko jedna wersja Rigwedy przetrwała do czasów współczesnych. Znanych jest kilka różnych wersji Sama Veda i Atharva Veda, a wiele różnych wersji Jadżur Veda znaleziono w różnych częściach Azji Południowej.

Rigveda

Nasadiya Sukta (Hymn nie-wieczności):

Kto naprawdę wie?
Kto tu może to ogłosić?
Skąd się wzięło to stworzenie?
Bogowie przyszli później, po stworzeniu tego wszechświata.
Kto więc wie, skąd się to wzięło?
Czy wola Boża go stworzyła, czy był niemy,
tylko On, który jest jego nadzorcą w najwyższym niebie wie,
On tylko wie, a może nie wie.

-*Rig* Veda 10.129.6-7

Rigveda Samhita jest najstarszym zachowanym tekstem. Jest to zbiór 1028 Sanskrytów Wedyjskich i 10 600 wersów w sumie, zorganizowanych w dziesięć książek (sanskryt: mandale). Hymny poświęcone są bóstwom rigwedyjskim.

Książki te zostały skomponowane przez poetów z różnych grup kapłańskich na przestrzeni kilku wieków, począwszy od około drugiej połowy drugiego tysiąclecia p.n.e. (okres wczesno-wedyczny), począwszy od regionu Pendżabu (Sapty Sindhu) na północno-zachodnim subkontynencie indyjskim. Rigveda jest skonstruowana w oparciu o jasne zasady - Veda zaczyna się od małej książki adresowanej do Agni, Indry, Somy i innych bogów, wszystkie ułożone według malejącej całkowitej liczby hymnów w każdej kolekcji bóstw; dla każdej serii bóstw hymny postępują od dłuższych do krótszych, ale liczba hymnów na książkę rośnie. Wreszcie, miernik też jest systematycznie układany od jagati i tristubh do anustubh i gayatri w miarę postępu tekstu. Jeśli chodzi o treść, charakter hymnów przejść od pochwały bóstw we wczesnych książkach do Nasadiya Sukta z pytaniami takimi jak, "co jest źródłem wszechświata?, czy nawet bogowie znają odpowiedź?", cnota Dāna (miłość) w społeczeństwie, a inne kwestie metafizyczne w swoich hymnach.

Istnieją podobieństwa między mitologią, rytuałami i lingwistyką w Rigwedzie a tymi, które występują w starożytnej Azji Środkowej, regionach irańskich i hindukuszowskich (Afganistan).

Samaveda

Samaveda Samhita składa się z 1549 zwrotek, wziętych prawie w całości (z wyjątkiem 75 mantry) z Rigwedy. Samaveda samhita ma dwie główne części. Pierwsza część zawiera cztery zbiory melodii (gāna, गान), a druga część trzy wiersze "książki" (ārcika, आर्चिक).Melodia w śpiewnikach odpowiada wersetowi z ksiąg arkadowych. Tak jak w the Rigveda, the wczesny sekcja Samaveda typowo zaczynać z hymn Agni i Indra ale przesunięcie the abstrakt. Ich liczniki przesuwają się również w kolejności malejącej. Pieśni w późniejszych częściach Samavedy mają najmniejsze odchylenia od hymnów pochodzących z Rigwedy.

W Samavedzie powtarzają się niektóre z wersetów rigwedyjskich. Łącznie z powtórzeniami, jest w sumie 1875 wersetów ponumerowanych w recenzji Samaveda przetłumaczonej przez Griffitha. Dwie duże recenzje przetrwały Kauthuma/Ranayaniya i Jaiminiya. Jego celem była liturgia, a w repertuarze znaleźli się księża udgātṛ lub "śpiewacy".

Yajurveda

Yajurveda Samhita składa się z mantry prozy. Jest to kompilacja rytualnych formuł ofiarnych, które zostały powiedziane przez księdza, podczas gdy jednostka wykonywała rytualne czynności, takie jak te przed pożarem yajny.

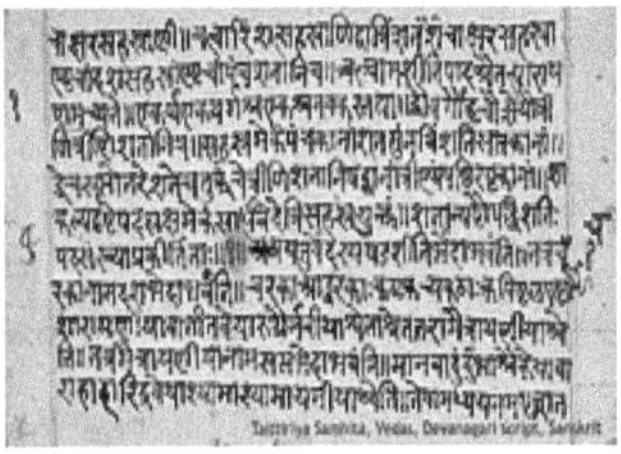

Strona z *Taittiriya Samhita*, warstwa tekstu w *Jadżurwedzie*

Najstarsza i najstarsza warstwa samhity Yajurveda obejmuje około 1875 wersetów, które są różne, ale pożyczyć i budować na fundamencie wersety w Rigveda. W przeciwieństwie do Samavedy, która prawie w całości opiera się na mantrach z Rigwedy i ma strukturę pieśni, samhity z Jajurwedy są prozą i językowo różnią się od wcześniejszych tekstów wedyjskich. Jadżur Wedy był głównym źródłem informacji o poświęceniach w czasach wedyjskich i związanych z nimi rytuałach.

Istnieją dwie główne grupy tekstów w tej Wedy: "Czarna" (*Kryszna*) i "Biała" (*Szukla*). Określenie "czarny" oznacza "nieuporządkowany, motylowy zbiór" wersetów w Jajurwedzie, w przeciwieństwie do "białego" (dobrze ułożonego) Jajurwedy. Biała Jadżurweda oddziela Samhitę od jej Brahmany (Shatapatha Brahmana), Czarny Jadżurveda przeplata Samhitę komentarzem Brahmany. Z Czarnej Jadżurwedy zachowały się teksty z czterech głównych szkół (Maitrayani, Katha, Kapisthala-Katha, Taittiriya), a z Białej Jadżurwedy, dwóch (Kanva i Madhyandina). Najmłodsza warstwa tekstu Jadżurwedy nie jest związana z rytuałami ani poświęceniem, zawiera największy zbiór podstawowych Upaniszad, wpływowych dla różnych szkół filozofii hinduskiej.

Atharvaveda

Artharvaveda Samhita to tekst "należący do poetów Atharvana i Angirasy". Ma około 760 hymnów, a około 160 z nich jest wspólnych z Rigvedą. Większość wersetów jest metryczna, ale niektóre fragmenty są w prozie. Dwie różne wersje tekstu - *Paippalāda* i *Śaunakīya* - przetrwały do czasów współczesnych. Atharvaveda nie była uważana za Wedę w epoce wedyckiej i została przyjęta jako Weda pod koniec I tysiąclecia przed naszą erą. Został on skompilowany jako ostatni, prawdopodobnie około 900 lat p.n.e., choć część jego materiału może pochodzić z czasów Rigwedy, lub wcześniej.

Atharvaveda jest czasami nazywana "Wedą magicznych formuł", epitetem, który inni uczeni uznają za niepoprawny. Warstwa Samhita w tekście prawdopodobnie reprezentuje rozwijającą się w II tysiącleciu p.n.e. tradycję obrzędów magiczno-religijnych w celu zajęcia się przesądnymi niepokojami, zaklęciami mającymi na celu usunięcie dolegliwości rzekomo powodowanych przez demony oraz eliksirami ziołowymi i pochodzącymi z natury jako lekarstwem. Tekst ten, stwierdza Kenneth Zysk, jest jednym z najstarszych zachowanych zapisów ewolucyjnych praktyk w medycynie religijnej i ujawnia "najwcześniejsze formy ludowego leczenia antyków indoeuropejskich". Wiele książek Atharvaveda Samhita poświęconych jest rytuałom bez magii, takim jak filozoficzne spekulacje i teozofia.

Atharva veda jest podstawowym źródłem informacji o kulturze wedyjskiej, zwyczajach i wierzeniach, aspiracjach i frustracjach codziennego życia wedyjskiego, a także tych związanych z królami i rządami. Tekst zawiera również hymny dotyczące dwóch głównych rytuałów przejścia - małżeństwa i kremacji. Atharva Veda poświęca również znaczną część tekstu na pytanie o znaczenie rytuału.

Wbudowane teksty wedyjskie

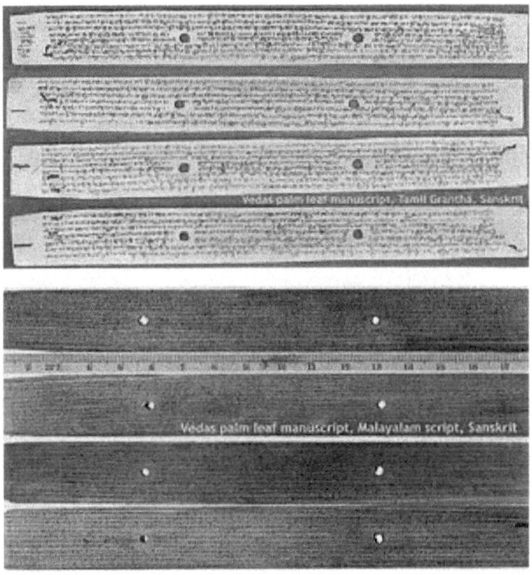

Rękopisy Wedy są w języku sanskryckim, ale w wielu regionalnych pismach oprócz Devanagari. Góra: Skrypt Grantha (Tamil Nadu), Poniżej: Scenariusz Malajalamu (Kerala).

Brahmanas

Brahmany są komentarzami, wyjaśnieniem właściwych metod i znaczenia rytuałów Wedyjskich Samhitów w czterech Wedach. Zawierają one również mity, legendy i w niektórych przypadkach filozofię. Każdy regionalny Vedic shakha (szkoła) ma swoją własną instrukcję obsługi, podobną do Brahmana, której większość została zagubiona. Do czasów współczesnych zachowało się łącznie 19 tekstów Brahmany: dwa związane z Rigvedą, sześć z Jadżurvedą, dziesięć z Samavedą i jeden z Atharvavedą. Najstarszy datowany jest na około 900 lat p.n.e., podczas gdy najmłodsze Brahmany (takie jak Shatapatha Brahmana), zostały ukończone o około 700 lat p.n.e. Według Jana Gondy, ostateczna kodyfikacja Brahmanów miała miejsce w czasach przedbuddyjskich (ok. 600 lat p.n.e.).

Treść tekstu Brahmany różni się w zależności od każdej Vedy. Na przykład, pierwszy rozdział Chandogya Brahmana, jednego z najstarszych Brahmanów, zawiera osiem rytualnych sukt (hymnów) na ceremonię małżeństwa i rytuały przy narodzinach dziecka. Pierwszy hymn jest recytacją, która towarzyszy ofiarowaniu Agni oblation jadżna (ogień) z okazji ślubu, a hymn modli się o pomyślność pary, która się pobiera. Drugi hymn życzy im długiego życia, życzliwych krewnych i licznego potomstwa. Trzeci hymn to wzajemna przysięga małżeńska, między panną młodą a panną młodą, przez którą oboje wiążą się ze sobą. Szóste do ostatnich hymnów pierwszego rozdziału Chandogya Brahmana to rytualne świętowanie narodzin dziecka i pragnienia zdrowia, bogactwa i dobrobytu z dużą ilością krów i artha. Wersety te są jednak ekspozycjami niekompletnymi, a ich pełny kontekst wyłania się dopiero z warstwy tekstu Samhita.

Aranyakas i Upanishady

Warstwa aranyakasowa Wedów obejmuje rytuały, omówienie symbolicznych meta-rytuałów, a także filozoficzne spekulacje.

Aranyakas nie jest jednak ani jednorodny w treści, ani w strukturze. Są one mieszaniną instrukcji i pomysłów, a niektóre z nich zawierają w sobie rozdziały Upanishadów. Zaproponowano dwie teorie na temat pochodzenia słowa Aranyakas. Jedna teoria głosi, że teksty te miały być studiowane w lesie, a druga, że nazwa pochodzi od tych podręczników alegorycznej interpretacji ofiar, dla tych w Vanaprastha (emeryt, mieszkaniec lasu) etapie ich życia, zgodnie z historycznym wiekowym systemem aszramowego życia człowieka.

Upanishady odzwierciedlają ostatnią skomponowaną warstwę tekstów w Wedach. Są one powszechnie określane jako Vedānta, różnie interpretowane jako oznaczające albo "ostatnie rozdziały, części Vedas" lub "obiekt, najwyższy cel Veda". Koncepcje Brahmana (Ultimate Reality) i Ātman (Soul, Self) są głównymi ideami we wszystkich Upanishadach, a "Know your Ātman" jest ich tematem przewodnim. Upanishady są podstawą hinduskiej myśli filozoficznej i jej różnorodnych tradycji. Z korpusu Wedyjskiego są one powszechnie znane, a centralne idee Upanishadów wpłynęły na różnorodne tradycje hinduizmu.

Aranyakas są czasami identyfikowane jako karma-kanda (sekcja rytualna), podczas gdy Upanishady są identyfikowane jako jnana-kanda (sekcja duchowości). W alternatywnej klasyfikacji, wczesne części Wedy nazywane są Samhitami, a komentarze nazywane są Brahmanami, które razem są identyfikowane jako ceremonialna karma-kanda, podczas gdy Aranyakas i Upaniszady nazywane są jnana-kandą.

Literatura po-wedyczna

Vedanga

Vedangas rozwijał się pod koniec okresu wedycyjnego, około lub po połowie pierwszego tysiąclecia przed naszą erą. Te pomocnicze kierunki studiów wedyjskich pojawiły się, ponieważ język Wedy, skomponowany wieki wcześniej, stał się zbyt archaiczny dla ówczesnego ludu. Wedy były naukami, które koncentrowały się na pomocy w zrozumieniu i interpretacji Wedy, która została skomponowana wiele wieków wcześniej.

Sześć tematów Vedangi to fonetyka (Śikṣā), metrum poetyckie (Chandas), gramatyka (Vyākaraṇa), etymologia i językoznawstwo (Nirukta), rytuały i obrzędy przejścia (Kalpa), czasomierz i astronomia (Jyotiṣa).

Vedangas rozwijał się jako studia pomocnicze dla Wedy, ale jego wgląd w metry, strukturę dźwięku i języka, gramatykę, analizę językową i inne przedmioty miały wpływ na studia po-wedyczne, sztukę, kulturę i różne szkoły filozofii hinduskiej. [136][137][138] Studia Kalpa Vedanga, na przykład, dały początek Dharma-sutrom, które później rozszerzyły się na Dharma-shastry.

Parisista

Pariśiṣṭa "supplement, appendix" jest terminem stosowanym w różnych pracach pomocniczych literatury wedyjskiej, dotyczących głównie szczegółów rytuału i opracowania poprzedzających je tekstów logicznie i chronologicznie: Samhitów, Brahmanów, Aranyakasów i Sutr. Naturalnie klasyfikowane z Wedą, do której każda z nich się odnosi, dzieła Parisistów istnieją dla każdej z czterech Wed. Jednak tylko literatura związana z Atharvavedą jest obszerna.

1. Āśvalāyana Gṛhya Pariśiṣṭa to bardzo późny tekst związany z kanonem Rigwedy.
2. Gobhila Gṛhya Pariśiṣṭa to krótki tekst metryczny, składający się z dwóch rozdziałów, zawierających odpowiednio 113 i 95 wierszy.
3. Kātiya Pariśiṣṭas, przypisana do Kātyāyana, składa się z 18 utworów wymienionych w piątej serii (Caraṇavyūha) oraz Kātyāyana Śrauta Sūtra Pariśiṣṭa.
4. Kṛṣṇa Jajurweda ma 3 paryżanki Āpastamba Hautra Pariśiṣṭa, która znajduje się również jako druga praśna Satyasāḍha Śrauta Sūtra', Vārāha Śrauta Sūtra Pariśiṣṭa.
5. Dla Atharvaveda jest 79 dzieł, zebranych jako 72 wyraźnie nazwane paryski.

Upaveda

Termin upaveda ("wiedza stosowana") jest używany w literaturze tradycyjnej na określenie przedmiotów pewnych prac technicznych. Listy przedmiotów zaliczanych do tej klasy różnią się w zależności od źródła. Charanavyuha wspomina o czterech Upawach:

1. Łucznictwo (Dhanurveda), związane z Jajurvedą
2. Architektura (Sthapatyaveda), związana z Atharvaveda.
3. Muzyka i taniec święty (Gāndharvaveda), związany z Samavedą
4. Medycyna (Āyurveda), związana z Rigvedą lub Atharvavedą.

"Piąta" i inne Wedy

Niektóre teksty post-wedyczne, w tym Mahabharata, Natyasastra[146] i niektóre Purany, odnoszą się do siebie jako do "piątej Wedy". Najwcześniejsze odniesienie do takiej "piątej Wedy" znajduje się w Chandogya Upanishad w hymnie 7.1.2.

Niech dramat i taniec (Nātya, नाट्य) będzie piątym pismem wedyjskim. W połączeniu z epicką historią, dążeniem do cnoty, bogactwa, radości i duchowej wolności, musi ona zawierać znaczenie każdego pisma świętego i przekazywać każdą sztukę. Tak więc, ze wszystkich Wedów, Brahma oprawił Nātya Veda. Od Rig Veda on rysować the słowo, od the Sama Veda the melodia, od the Yajur Veda gest, i od the Atharva Veda the sentyment.

-Rozdział pierwszy Nātyaśāstra, Abhinaya Darpana

"Divya Prabandha", na przykład Tiruvaymoli, to termin oznaczający kanoniczne teksty tamilskie, uważane przez niektórych południowo-indyjskich hinduistów za "Wedę w języku weneckim".

Inne teksty, takie jak Bhagavad Gita czy Vedanta Sutras są uznawane za shruti lub "Wedyka" przez niektóre hinduistyczne wyznania, ale nie są powszechnie uznawane w hinduizmie. Ruch Bhakti, a w szczególności Gaudiya Vaishnavism rozszerzył termin veda o sanskryckie epikipy i dewocjonalia waishnavite, takie jak Pancaratra.

Puranas

Purany to obszerny gatunek encyklopedycznej literatury indyjskiej o szerokim zakresie tematycznym, zwłaszcza mitów, legend i innych tradycyjnych smaków. Kilka z tych tekstów zostało nazwanych na cześć głównych bóstw hinduistycznych, takich jak Wisznu, Sziwa i Dewi. Istnieje 18 puran Maha (Wielka Purana) i 18 puran Upa (Mała Purana), z ponad 400.000 wersetami.

Purany były wpływowe w kulturze hinduskiej. Są one uważane za Vaidika (zgodne z literaturą wedyjską). Bhagavata Purana jest jednym z najbardziej znanych i popularnych tekstów w gatunku puranistycznym i jest niedualistycznym tenorem. Literatura purancka wpleciona w ruch Bhakti w Indiach, a naukowcy Dvaita i Advaita skomentowali tematy leżące u podstaw Vedanty w Maha Puranas.

Indologia Zachodnia

Badania nad sanskrytem na Zachodzie rozpoczęły się w XVII wieku. Na początku XIX wieku Arthur Schopenhauer zwrócił uwagę na teksty wedyjskie, a konkretnie na Upaniszady. Znaczenie Sanskrytu Wedyckiego dla badań indoeuropejskich zostało uznane również na początku XIX wieku. Angielskie tłumaczenia Samhitów ukazały się w późniejszym XIX wieku, w serii Świętych Ksiąg Wschodu pod redakcją Müllera w latach 1879-1910. Ralph T. H. Griffith przedstawił również angielskie tłumaczenia czterech Samhitów, wydanych w latach 1889-1899.

Voltaire uznał Veda za wyjątkowego, zauważył to:

Weda była najcenniejszym darem, za który Zachód był kiedykolwiek zadłużony wobec Wschodu.

Rękopisy Rigwedy zostały wybrane do wpisania na Listę Światowego Rejestru Pamięci UNESCO w 2007 r.

Varanasi

Z Wikipedii, darmowej encyklopedii

Od lewej do prawej, od góry do dołu: Manikarnika Ghat, Munshi Ghat, Świątynia na brzegu rzeki Ganges, Człowiek odprawiający poranne rytuały w Gangesie, Meczet Aurangzeb, Incense aarti w Dashwamedh Ghat, Chet Singh Ghat, Zajęta ulica Varanasi w nocy, Buey na rynku

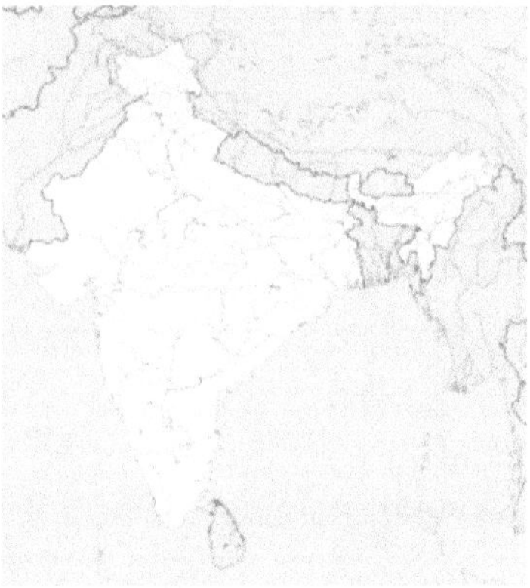

Varanasi

Kraj	Indie
Państwo	Uttar Pradesh
Oddział	Varanasi

Dystrykt	Varanasi
Rząd	
- Typ	Korporacja Miejska
- Organ	Varanasi Municipal Corporation
- Burmistrz	Mridula Jaiswal (BJP)
- Komisarz oddziału	Nitin Ramesh Gokarn, IAS
- Sędzia okręgowy	Yogeshwar Ram Mishra, IAS
- Inspektor Generalny, Varanasi Range	Deepak Ratan, IPS
- Starszy Kurator Policji	Nitin Tiwari, IPS
Obszar	
- Miasto Metropolitan	112,10 km2 (43,28 m2)
Wzniesienie	80,71 m (264,80 ft)
Ludność (2011)	
- Miasto Metropolitan	1,201,815
- Ranking	32.
- Gęstość zaludnienia	11,0000/km2 (28,0000/sq mi)
- Metro [2]	1.435.113 (32.)
Język	
- Oficjalny	Hindi[3]
- Dodatkowy urzędnik	Urdu[3]
- Inne	Angielski, Bhojpuri

Strefa czasowa	UTC+5:30 (IST)
PIN	221 001 do** (**kod obszaru)
Kod telefoniczny	0542
Rejestracja pojazdu	UP 65
PKB	2,34 mld dolarów (2013-14)
Stosunek płci	0.926 (2011)
Umiejętność czytania i pisania (2011)	80.12%[

Varanasi (wymowa hinduistańska: [ʋaːˈraːɳəsi] ("🔈słuchaj"), znany również jako **Benares**,**Banaras** (Banāras[bəˈnaːrəs] ("🔈słuchaj") lub **Kashi** (Kāśī[ˈkaːʃi] ("🔈słuchaj")), to miasto nad brzegiem rzeki Ganga w stanie Uttar Pradesh w północnych Indiach, 320 kilometrów (200 mil) na południowy wschód od stolicy stanu Lucknow i 121 kilometrów (75 mil) na wschód od Allahabadu. Jest to największe centrum religijne w Indiach, najświętsze z siedmiu świętych miast (Sapta Puri) w hinduizmie i dżinizmie, i odegrało ważną rolę w rozwoju buddyzmu i Ravidassia. Varanasi leży wzdłuż drogi krajowej nr 2, która łączy go z Kołkatą, Kanpur, Agra i Delhi i jest obsługiwana przez stację kolejową Węzeł Varanasi i międzynarodowy port lotniczy Lal Bahadur Shastri. Varanasi jest również jednym z 72 okręgów w indyjskim stanie Uttar Pradesh. W czasie spisu powszechnego w 2011 r. w powiecie tym znajdowało się łącznie 8 bloków i 1329 wsi. Głównymi językami ojczystymi Varanasi są hindi i bhojpuri. Varanasi wyrosło na ważny ośrodek przemysłowy, słynący z muślinów i jedwabiu, perfum, kości słoniowej i rzeźby. Uważa się, że Budda założył tu Buddyzm około 528 roku p.n.e., gdy wygłosił swoje pierwsze kazanie, "The Setting in Motion of the Wheel of Dharma", w pobliskim Sarnath. Znaczenie religijne miasta nadal rosło w VIII wieku, kiedy Adi Shankara ustanowił kult Sziwy jako oficjalnej sekty Varanasi. W okresie panowania muzułmanów przez całe średniowiecze, miasto nadal było ważnym ośrodkiem hinduskiej pobożności, pielgrzymek, mistyki i poezji, co dodatkowo przyczyniło się do jego reputacji jako ośrodka o znaczeniu kulturowym i edukacji religijnej. Tulsidas napisał swój epicki wiersz o życiu Ramy, zatytułowany Ram Charit Manas w Varanasi. W Waranasi urodziło się kilka innych ważnych postaci ruchu Bhakti, w tym Kabir i Ravidas. Guru Nanak odwiedził Varanasi dla Maha Shivaratri w 1507 roku, podróż, która odegrała dużą rolę w założeniu Sikhizmu.

W 16 wieku, Varanasi doświadczył kulturowego odrodzenia pod Mughal cesarza Akbar, który patronował miasta i zbudował dwie duże świątynie poświęcone Sziwa i Wisznu, choć większość współczesnych Varanasi został zbudowany w 18 wieku, przez królów Maratha i Brahmin. Królestwo Benares otrzymało oficjalny status od Mughals w 1737 r. i kontynuowało swoją działalność jako obszar rządzony przez dynastię aż do uzyskania przez Indie niepodległości w 1947 r. Miasto jest zarządzane przez Varanasi Nagar Nigam (Municipal Corporation) i jest reprezentowane w Parlamencie Indii przez obecną premier Indii Narendrę Modi, która wygrała wybory Lok Sabha w 2014 roku z dużym marginesem. Tkactwo jedwabiu, dywany i rzemiosło oraz turystyka zatrudniają znaczną część miejscowej ludności, podobnie jak Zakłady Lokomotyw Diesla i Bharat Heavy Electricals. Szpital Varanasi został założony w 1964 roku.

Varanasi jest od kilku tysięcy lat centrum kulturalnym północnych Indii i jest ściśle związane z Gangesem. Hinduiści wierzą, że śmierć w mieście przyniesie zbawienie, czyniąc z niego główny ośrodek pielgrzymkowy. Miasto znane jest na całym świecie z wielu ghat, wałów wykonanych w stopniach z kamiennych płyt wzdłuż brzegu rzeki, gdzie pielgrzymi dokonują rytualnych ablucji. Na szczególną uwagę zasługują Dashwamedh Ghat, Panchganga Ghat, Manikarnika Ghat i Harishchandra Ghat, przy czym ostatnie dwa są miejscem, w którym hindusi kremują swoich zmarłych, a rejestry genealogii hinduskiej w Varanasi są tu przechowywane.

Fort Ramnagar, w pobliżu wschodniego brzegu Gangesu, został zbudowany w XVIII wieku w stylu Mughal z rzeźbionymi balkonami, otwartymi dziedzińcami i malowniczymi pawilonami. Wśród szacowanych 23.000 świątyń w Varanasi znajdują się Kashi Vishwanath Świątynia Shiva, Świątynia Sankat Mochan Hanuman, i Świątynia Durga. Kashi Naresh (maharadża z Kashi) jest głównym patronem kulturalnym Waranasi i istotną częścią wszystkich uroczystości religijnych. Centrum edukacyjne i muzyczne, wielu wybitnych indyjskich filozofów, poetów, pisarzy i muzyków mieszka lub mieszkało w tym mieście, i było to miejsce, gdzie rozwinęła się forma Benares gharana klasycznej muzyki hinduskiej. Jedną z największych azjatyckich uczelni mieszkaniowych jest Banaras Hinduski Uniwersytet (BHU). Hinduskojęzyczna gazeta nacjonalistyczna, Aj, została wydana po raz pierwszy w 1920 roku.

Etymologia

Tradycyjna etymologia łączy "Varanasi" z nazwami dwóch dopływów Gangesu tworzących granice miasta: Varuna, wciąż płynąca w północnym Varanasi, i Assi, dziś mały strumień w południowej części miasta, w pobliżu Assi Ghat. Stare miasto położone jest na północnych brzegach Gangesu, graniczy z Varuną i Assi.

W Rigwedzie, starożytnej indyjskiej, świętej kolekcji sanskryckich hymnów wedyjskich, miasto określane jest jako Kāśī (Kashi) od sanskryckiego korzenia słownego *kaś-* "do świecenia", dzięki czemu Varanasi znany jest jako "Miasto Światła", "świecące miasto jako wybitna siedziba nauki". [9] Nazwą tą posługiwali się również pielgrzymi z czasów Buddy.

Hinduskie teksty religijne używają wielu epitetów w odniesieniu do Waranasi, takich jak Kāśikā (sanskryt: *"ten błyszczący"*), Avimukta (sanskryt: "nigdy nie opuszczony" przez Sziwę), Ānandavana (sanskryt: "las błogości") i Rudravāsa (sanskryt: "miejsce, w którym mieszka Rudra/Śiva").

Historia

Hinduska mitologia

Według hinduskiej mitologii, Varanasi zostało założone przez Sziwę, jedno z trzech głównych bóstw wraz z Brahmą i Wisznu. Podczas walki Brahmy z Shivą, jedna z pięciu głów Brahmy została oderwana przez Shivę. Jak to było w zwyczaju, zwycięzca nosił w ręku głowę zabitego przeciwnika i pozwalał jej zwisać z jego ręki jako akt hańby i znak jego własnej odwagi. Do ust włożono też uzdę. Sziwa w ten sposób zhańbił głowę Brahmy, i trzymał ją przy sobie przez cały czas. Kiedy przybył do miasta Varanasi w tym stanie, wisząca głowa Brahmy spadła z ręki Sziwy i zniknęła w ziemi. Varanasi jest zatem uważane za niezwykle święte miejsce.

Mówi się, że Pandavas, bohaterowie hinduskiej epopeiMahabharata, odwiedzili miasto w poszukiwaniu Sziwy, aby odpokutować za swój grzech bratobójstwa i Brāhmanahatya, który popełnili podczas kulminacyjnej wojny Kurukshetra. Jest ono uważane za jedno z siedmiu świętych miast (Sapta Puri), które mogą zapewnić Mokshę; Ajodhya, Mathura, Haridwar, Kashi, Kanchi, Avanti i Dvārakā są siedmioma miastami znanymi jako dawcy wyzwolenia.

Dowody archeologiczne

Wykopaliska w 2014 roku doprowadziły do odkrycia artefaktów sięgających 800 lat p.n.e. Dalsze wykopaliska w Aktha i Ramnagar, dwóch miejscach w pobliżu miasta, odkopały artefakty pochodzące z 1800 r. p.n.e., co potwierdza pogląd, że obszar ten był zamieszkiwany przez ten czas.

Okres antyczny

Varanasi wyrosło na ważny ośrodek przemysłowy, słynący z muślinów i jedwabiu, perfum, kości słoniowej i rzeźby. Za czasów Gautama Buddy Varanasi był częścią Królestwa Kashi. Uważa się, że Budda założył tu Buddyzm około 528 roku p.n.e., gdy wygłosił swoje pierwsze kazanie, "The Setting in Motion of the Wheel of Dharma", w pobliskim Sarnath. Sławny chiński podróżnik Xuanzang, znany również jako Hiuen Tsiang, który odwiedził miasto około 635 roku życia, zaświadczył, że jest ono centrum działalności religijnej i artystycznej i że rozciągało się na około 5 kilometrów (3.1 min.) wzdłuż zachodniego brzegu Gangesu. Kiedy Xuanzang, odwiedził Varanasi w VII wieku, nazwał je "Polonisse" i napisał, że miasto miało około 30 świątyń z około 30 mnichami. Znaczenie religijne miasta nadal rosło w VIII wieku, kiedy Adi Shankara ustanowił kult Sziwy jako oficjalnej sekty Varanasi.

Okres Średniowiecza

Kabir, XV-wieczny indyjski poeta mistyk i święty.

Chandradeva, założycielka dynastii Gahadavala, uczyniła Banaras drugą stolicą w 1090 roku. W epoce mauryskiej, Varanasi było połączone drogą rozpoczynającą się w Taxili i kończącą w Pataliputrze. W średniowieczu Varanasi pozostawało ośrodkiem aktywności intelektualistów i teologów, co dodatkowo przyczyniło się do jego reputacji jako centrum kultury religijnej i edukacyjnej. W Waranasi urodziło się kilka głównych postaci ruchu Bhakti, w tym Kabir, który urodził się tu w 1389 r., oraz Ravidas, XV-wieczny reformator społeczno-religijny, mistyk, poeta, podróżnik i postać duchowa, który urodził się i mieszkał w mieście i pracował w przemyśle garbarskim.

Historia współczesna (1500 - teraźniejszość)

Litografia Jamesa Prinsepa (1832) Braminu umieszczającego wianek na najświętszym miejscu w mieście.

Obraz Edwina Lorda Weeks (1883) z Varanasi, oglądany z Gangesu.

Ilustracja (1890) z Bathing Ghat w Varanasi

Miasto odwiedzili liczni wybitni uczeni i kaznodzieje z całych Indii i południowej Azji. Guru Nanak odwiedził Varanasi dla Maha Shivaratri w 1507 roku, podróż, która odegrała dużą rolę w założeniu Sikhizmu.

Varanasi doświadczyło hinduskiego odrodzenia kulturalnego w XVI wieku pod panowaniem muzułmańskiego cesarza MughalAkbar, który zainwestował w miasto i zbudował dwie duże świątynie poświęcone Sziwie i Wisznu. Radża z Pune założył Annapurna Mandir, a 200-metrowy (660 stóp) Most Akbari również został ukończony w tym okresie. Najwcześniejsi turyści zaczęli przybywać do miasta w XVI wieku. W 1665 roku francuski podróżnik Jean-Baptiste Tavernier opisał architektoniczne piękno świątyni Vindu Madhava od strony Gangesu. W tym okresie poprawiono również infrastrukturę drogową. Z Kołkuty do Peszawaru został przedłużony przez cesarza Sher Shah Suri; później, za czasów brytyjskiego Raja, znany był jako Grand Trunk Road. W 1656 roku cesarz Aurangzeb nakazał zniszczenie wielu świątyń i budowę meczetów, co spowodowało tymczasowe niepowodzenie miasta. Jednak po śmierci Aurangazeba większość Indii była rządzona przez konfederację prohinduskich królów. Duża część współczesnych Varanasi została zbudowana w tym czasie, szczególnie w XVIII wieku przez Maratha i Bhumihar. Królowie rządzący Waranasi nadal sprawowali władzę i byli ważni przez większą część okresu brytyjskiego raju, włączając w to Maharadżę z Benares, czy Kashi Naresh.

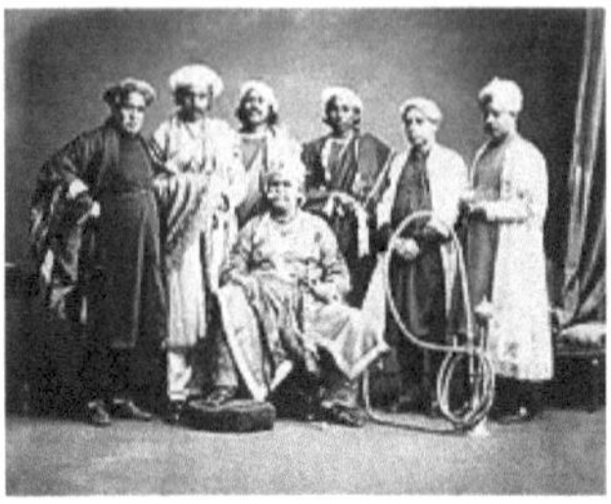

Majaraja z Benares i Suite, lata 70.

Mapa miasta, ok. 1914 r.

Królestwo Benares otrzymał oficjalny status od Mughals w 1737 roku, i kontynuował jako dynastii obszar rządzony aż do niepodległości Indii w 1947 roku, podczas panowania dr Vibhuti Narayan Singh. W XVIII wieku Muhammad Shah zlecił budowę obserwatorium na Gangesie, dołączonego do Man Mandir Ghat, którego celem było odkrycie niedoskonałości kalendarza, aby zrewidować istniejące tablice astronomiczne. Turystyka w mieście zaczęła kwitnąć w XVIII wieku. W 1791 roku, pod rządami brytyjskiego gubernatora generalnego Warrena Hastingsa, Jonathan Duncan założył Sanskrit College w Varanasi. W 1867 r. utworzenie Zarządu Miejskiego Varanasi doprowadziło do znacznej poprawy infrastruktury miasta i podstawowych udogodnień w zakresie usług zdrowotnych, zaopatrzenia w wodę pitną i urządzeń sanitarnych.

Zdjęcie nadbrzeża Waranasi z 1895 r.

Armia brytyjska dokonała masakry wojsk indyjskich i zniszczyła rezydencje miejskie we wczesnej fazie rebelii indyjskiej w 1857 roku.

Autor Mark Twain napisał w 1897 roku w Varanasi: "Benares jest starszy niż historia, starszy niż tradycja, starszy nawet niż legenda, i wygląda dwa razy starszy niż wszystkie razem wzięte". W 1910 r. Brytyjczycy uczynili z Varanasi nowe indyjskie państwo, którego stolicą jest Ramnagar, ale które nie ma jurysdykcji nad miastem. Głowa zakonna, Kashi Naresh, ma swoją siedzibę w Forcie Ramnagar od XVIII wieku, który jest również repozytorium historii królów Waranasi, położonym na wschód od Waranasi, po drugiej stronie Gangesu. Kashi Naresh jest głęboko czczone przez miejscową ludność i głównego patrona kultury; niektórzy pobożni mieszkańcy uważają go za wcielenie Sziwy.

Annie Besant założyła Centralne Kolegium Hinduistyczne, które później stało się podstawą do utworzenia w 1916 roku Hinduskiego Uniwersytetu Banaras. Besant założyła kolegium, ponieważ chciała "zjednoczyć ludzi wszystkich religii w ideale braterstwa, aby promować indyjskie wartości kulturowe i usunąć złą wolę wśród różnych grup ludności Indii".

Varanasi zostało scedowane na Związek Indii w 1947 roku, stając się częścią Uttar Pradesh po odzyskaniu przez Indie niepodległości. Vibhuti Narayan Singh włączył swoje terytoria do Zjednoczonych Prowincji w 1949 roku.

Geografia i klimat

Lokalizacja w Indiach

Geografia

Varanasi znajduje się na wysokości 80,71 metrów (264,8 stóp) w centrum doliny Gangesu w północnych Indiach, we wschodniej części stanu Uttar Pradesh, wzdłuż lewego brzegu w kształcie półksiężyca Gangesu, średnio od 15 metrów (50 stóp) do 21 metrów (70 stóp) nad rzeką. Miasto jest siedzibą dzielnicy Varanasi. Na drodze, Varanasi znajduje się 797 kilometrów (495 mil) na południowy wschód od New Delhi, 320 kilometrów (200 mil) na południowy wschód od Lucknow, 121 kilometrów (75 mil) na wschód od Allahabadu i 63 kilometry (39 mil) na południe od Jaunpur. Varanasi Urban Agglomeration" - aglomeracja złożona z siedmiu podjednostek miejskich - obejmuje obszar 112,26 km ^{2} (około 43 km^2).Okolice miasta to Adampura, Anandbagh, Bachchhaon, Bangali Tola, Bhelpura, Bulanala, Chaitganj, Chaukaghat, Chowk, Dhupchandi, Dumraon, Gandhinagar, Gautam Nagar, Giri Nagar, Gopal Vihar, Guru Nanak Nagar, Jaitpura, Kail Garh, Khanna, Kotwali, Lanka Manduadih, Luxa, Maheshpur, Mahmoorganj, Maulvibagh, Nagwar, Naipokhari, Shivala, Siddhagiribagh i Sigra.

Położony na Nizinie Indo-Gangetycznej Północnych Indii, ziemia jest bardzo żyzna, ponieważ niskie poziomy powodzi w Gangesie nieustannie uzupełniają glebę. Varanasi znajduje się pomiędzy zbiegiem

Gangesu z dwoma rzekami: Varuną i potokiem Assi. Odległość między tymi dwoma zbiegami wynosi około 2 mil (4 km) i służy jako święta trasa podróży dla Hindusów, której zwieńczeniem jest wizyta w świątyni Sakshi Vinayak.

Klimat

Varanasi doświadcza wilgotnego klimatu podzwrotnikowego (KöppenCwa climate classification) z dużymi wahaniami temperatur między latem a zimą. Suche lato rozpoczyna się w kwietniu i trwa do czerwca, po czym następuje pora monsunowa od lipca do października. Latem temperatura waha się między 22 a 46 °C (72 a 115 °F). Zimy w Varanasi widzą bardzo duże wahania dzienne, z ciepłymi dniami i wręcz zimnymi nocami. Zimne fale z rejonu Himalajów powodują, że w zimie od grudnia do lutego temperatury spadają w całym mieście, a temperatury poniżej 5°C (41°F) nie są rzadkością. Średnia roczna suma opadów wynosi 1 110 mm (44 cale). Mgła jest powszechna w zimie, a gorące, suche wiatry, zwane kibicami, wieją latem. W ostatnich latach poziom wody w Gangesie znacznie się obniżył; można za to winić zapory w górnym biegu rzeki, nieuregulowane wydobycie wody i zmniejszające się źródła lodowcowe z powodu globalnego ocieplenia.

Varanasi jest reprezentowany w parlamencie Indii przez obecną premier Indii Narendrę Modi, która w 2019 roku wygrała wybory w Lok Sabha z ogromnym marginesem.

Opieka zdrowotna

Szpitale w mieście obejmują Szpital Sir Sunderlal, szpital naukowy na Hinduskim Uniwersytecie Banaras, Heritage Hospital, Marwari Hospital, Pitambari Hopspital, Mata Anand Mai Hospital, Rajkiya Hospital, Ram Krishna Mission Hospital, Shiv Prasad Gupta Hospital, Pandit Deen Dayal Upadhyay Hospital (zarządzany przez rząd stanu), oraz

Varanasi Hospital i Medical Research Centre. W latach 2010-2011 w miejskich częściach dzielnicy Varanasi śmiertelność wśród niemowląt wynosiła 70 na 1 000 urodzeń żywych.

Kolejowy Szpital Walki z Rakiem jest obecnie prowadzony przez Centrum Pamięci Tata po interwencji premiera Narendry Modi, która reprezentuje Varanasi.

Sushruta, starożytny lekarz indyjski znany jako główny autor traktatu Sushruta Samhita, sanskryckiego tekstu chirurgii, mieszkał w Varanasi i praktykował medycynę i chirurgię gdzieś w V wieku przed naszą erą. Od 1922 roku ayurveda jest przedmiotem kształcenia na Hinduskim Uniwersytecie w Banaras, a w 1927 roku powstało osobne Kolegium Ayurvedyjskie. W Varanasi znajduje się wiele ośrodków ajurwedyjskich oferujących zabiegi takie jak Panchakarma, jak również inne.

Konserwacja publiczna

Ze względu na dużą gęstość zaludnienia Waranasi i rosnącą liczbę turystów, rząd Uttar Pradesh oraz międzynarodowe organizacje i instytucje pozarządowe wyraziły poważne zaniepokojenie zanieczyszczeniem i presją na infrastrukturę w mieście, głównie na składniki kanalizacji, urządzeń sanitarnych i odwadniających. Zanieczyszczenie Gangesu jest szczególnym źródłem niepokoju ze względu na religijne znaczenie rzeki, zależność ludzi od niej jako źródła wody pitnej, a także jej znaczenie jako symbolu Waranasi i samego miasta. Problem ścieków zaostrza rola Gangesu w kąpielach i w ruchu rzecznym, który jest bardzo trudny do opanowania. Ze względu na ścieki, osoby korzystające z lokalnych nieoczyszczonych wód mają większe ryzyko zachorowania na szereg chorób żołądka przenoszonych przez wodę.

Części Varanasi są zanieczyszczone chemikaliami przemysłowymi, w tym toksycznymi metalami ciężkimi. Badania ścieków z oczyszczalni ścieków w Varanasi wskazują, że zanieczyszczenie wody metalami i ponowne wykorzystanie tej wody do nawadniania to sposób, w jaki toksyczne metale pojawiają się w roślinach, które ludzie uprawiają do celów spożywczych. Jednym z badanych przykładów jest *palak*, popularne warzywo liściaste, które pobiera metal ciężki, gdy jest w glebie, a które ludzie następnie jeść. Niektóre z zanieczyszczających osadów zawierają minerały, które są nawozem, co może uczynić zanieczyszczoną wodę atrakcyjną w użyciu. Pestycydy stosowane w lokalnym rolnictwie są na tyle trwałe, że mogą być rozprowadzane przez wodę, do oczyszczania ścieków, a następnie z powrotem do gospodarstw jako ścieki.

System wodociągowy i kanalizacyjny Varanasi jest utrzymywany przez Jal Nigam, spółkę zależną Varanasi Nagar Nigam. Zasilanie jest dostarczane przez Uttar Pradesh Power Corporation Limited. Miasto produkuje około 350.000.000 litrów (77.000.000 imp gal; 92.000.000 US gal) na dobę ścieków i 425 ton (418 ton długich; 468 ton krótkich) na dobę odpadów stałych. Odpady stałe są składowane na jednym składowisku.

Dane demograficzne

Według wstępnych danych ze spisu powszechnego z 2011 roku, aglomeracja Varanasi liczyła 1 435 113 mieszkańców, w tym 761 060 mężczyzn i 674 053 kobiety.

Populacja aglomeracji Varanasi w 2001 roku wynosiła 1 371 749 osób, przy czym na 1000 mężczyzn przypadało 879 samic. Jednak obszar pod Varanasi Nagar Nigam ma populację 1 100 748 osób, a na każde 1000 samców przypada 883 samice. Wskaźnik alfabetyzacji w aglomeracji miejskiej wynosi 77%, podczas gdy w obszarze korporacji miejskich 78%.Około 138 000 osób w obszarze miejskim żyje w slumsach.

Gospodarka

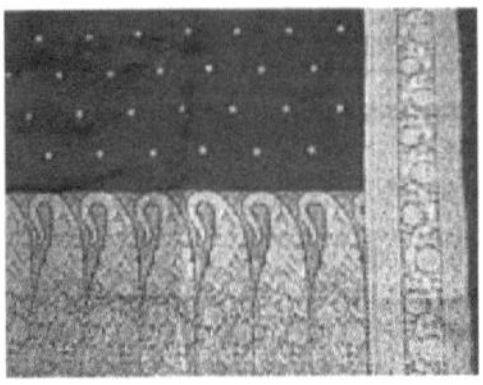

Banarasi sari

Zgodnie z Planem Rozwoju Miasta Varanasi z 2006 roku około 29% mieszkańców Varanasi jest zatrudnionych. Około 40% zatrudnionych jest w produkcji, 26% w handlu i wymianie, 19% w innych usługach, 8% w transporcie i komunikacji, 4% w rolnictwie, 2% w budownictwie, a 2% to pracownicy marginalni (pracujący krócej niż pół roku).

Wśród pracowników sektora produkcyjnego 51% pracuje w przędzalnictwie i tkactwie, 15% w przemyśle metalowym, 6% w poligrafii i wydawnictwach, 5% w maszynach elektrycznych, a pozostali pracują w różnych sektorach przemysłu. Przemysł wytwórczy Varanasi nie jest dobrze rozwinięty i jest zdominowany przez małe zakłady przemysłowe i produkcję domową.

Turyści robią zakupy na biżuterię w Varanasi

Tkactwo jedwabne jest dominującym przemysłem w Varanasi. Muzułmanie są wpływową społecznością w tej branży, a prawie pół miliona z nich pracuje jako tkacze, farbiarze, wykończyciele sari i sprzedawcy. Tkactwo jest zazwyczaj wykonywane w gospodarstwie domowym, a większość tkaczy to muzułmanie Momin Ansari. Varanasi jest znany w całych Indiach z produkcji bardzo delikatnego jedwabiu i saris Banarasi, brokatów z nićmi złotymi i srebrnymi, które są często używane na wesela i specjalne okazje. W produkcji jedwabiu często wykorzystuje się niewolniczą pracę dzieci, choć być może nie w większym stopniu niż gdzie indziej w Indiach. Branży tkackiej jedwabiu grozi ostatnio wzrost liczby krosien mechanicznych i wzorów generowanych komputerowo oraz konkurencja ze strony chińskiego importu jedwabiu.

W sektorze metalurgicznym głównym pracodawcą jest Zakład Produkcji Lokomotyw Diesla. Bharat Heavy Electricals, duży producent sprzętu energetycznego, prowadzi również zakład konserwacji sprzętu ciężkiego. Inne główne towary produkowane i sprzedawane w Varanasi obejmują ręcznie tkane dywany Mirzapur, dywany, dywany, wyroby mosiężne, miedziane, zabawki drewniane i gliniane, rękodzieła, złotą biżuterię i instrumenty muzyczne. Do ważnych produktów rolnych należą liście betel (w przypadku paan), langra mango i khoa (mleko zestalone).

Produkowane przez DLW lokomotywy przewożące ładunek na terenie całego kraju

Turystyka jest drugą co do ważności branżą w Waranasi. Prawie 6,3 mln turystów krajowych i 690 472 turystów zagranicznych odwiedziło Varanasi w 2015 roku. Turyści krajowi najczęściej odwiedzają w celach religijnych, natomiast turyści zagraniczni w celach ghotów wzdłuż rzeki Ganges i Sarnath. Najwięcej krajowy turysta być od Bihar, Zachodni Bengal, Madhya Pradesh, i Uttar Pradesh, podczas gdy the większość zagraniczny turysta być od Sri Lanka i Japonia. Szczyt sezonu turystycznego przypada na okres od października do marca. W sumie w mieście dostępnych jest około 12.000 łóżek, z czego około połowa w niedrogich hotelach ekonomicznych i jedna trzecia w dharamsalas. Ogólnie rzecz biorąc, infrastruktura turystyczna Varanasi nie jest dobrze rozwinięta.

Główny budynek Centrum Ułatwień w Handlu

Centrum Ułatwień w Handlu jest nowoczesnym i zintegrowanym obiektem wspierającym sektor krosien ręcznych i rzemiosła w Varanasi; zapewniającym poprawę i ułatwienie handlu zarówno krajowym, jak i międzynarodowym nabywcom. Stąd kontynuowanie bogatych tradycji krosien ręcznych i rzemiosła.

Sala kongresowa w Centrum Ułatwień w Handlu

Najważniejsze centra handlowe i multipleksy w Varanasi to JHV Mall w obszarze kantonu Varanasi, IP Mall w Sigra, IP Vijaya Mall w Bhelupur, Vinayak Plaza w Maldhaiya i PDR w Luxa. W mieście znajduje się kilka banków, w tym Allahabad Bank, Andhra Bank, Bank of Baroda, Canara Bank, Central Bank of India, Corporation Bank, Indian Overseas Bank i State Bank of India.

Vinayak Plaza

Centrum handlowe JHV w Cantonment.

Istotne punkty orientacyjne

Shri Vishwanath Mandir ma najwyższą wieżę świątynną na świecie.

Oprócz the 19 archeologiczny miejsce utożsamiać the Archeologiczny Ankieta India, niektóre the wybitny miejsce zainteresowanie być the Aghor Peeth, the Alamgir Meczet, the Ashoka Filar, the Bharat Kala Bhavan (Sztuka Muzeum), the Bharat Mata Mandir, the Środkowy Uniwersytet dla Tybetański Studium, the Dhanvantari świątynia, the Durga świątynia, the Jantar Mantar, the Kashi Vishwanath świątynia, the Sankat Mochan Hanuman świątynia, the Mahatma Gandhi Kashi Vidyapith, the Shri Vishwanath świątynia na the BHU kampus, the Ramnagar Fort, the Riverfront Ghats, the Tulsi Manas świątynia.

Jantar Mantar

Obserwatorium Jantar Mantar, zbudowane w 1737 r., znajduje się nad ghatami wzdłuż Gangesu i przylega do ghatów Manmandir i Dasaswamedh oraz w pobliżu pałacu Jai Singh II w Jaipurze. Chociaż jest mniej wyposażony niż obserwatoria w Jaipur i Delhi, Jantar Mantar posiada unikalny równikowy zegar słoneczny, który jest funkcjonalny i pozwala na monitorowanie i rejestrowanie pomiarów przez jedną osobę.

Fort Ramnagar

Fort Ramnagar został zbudowany w 1750 roku przez Kashi Naresh Raja Balwant Singh.

Fort Ramnagar, położony w pobliżu Gangesu na jego wschodnim brzegu i naprzeciwko Tulsi Ghat, został zbudowany w XVIII wieku przez Kashi Naresh Raja Balwant Singh z *kamieniem chunarsandowym w* kolorze kremowym. Fort jest typowym przykładem architektury Mughal z rzeźbionymi balkonami, otwartymi dziedzińcami i pawilonami widokowymi. W tej chwili fort jest w ruinie. Fort i jego muzeum są składnicą historii królów Benares. Cytowany jako "ekscentryczne" muzeum, zawiera rzadką kolekcję amerykańskich zabytkowych samochodów, krzesełka sedanowe z bukietem, imponującą salę broni i rzadki zegar astrologiczny. Ponadto, manuskrypty, szczególnie pisma religijne, znajdują się w Saraswati Bhawan, który jest częścią muzeum w obrębie fortu. Wiele książek ilustrowanych w stylu miniaturowym Mughala jest również częścią kolekcji. Ze względu na malownicze położenie nad brzegiem Gangesu, jest często wykorzystywany jako miejsce do kręcenia filmów na świeżym powietrzu.

Widok na Ghats w Varanasi z Gangesu

Ghats

Dashwamedh Ghat

Manikarnika Ghat

Ghaty w Varanasi to znane na całym świecie wały wykonane w stopniach z kamiennych płyt wzdłuż brzegu rzeki, gdzie pielgrzymi dokonują rytualnych ablucji. Ghaty są integralnym uzupełnieniem hinduskiej koncepcji boskości reprezentowanej w elementach fizycznych, metafizycznych i nadprzyrodzonych. Varanasi posiada co najmniej 84 ghaty, z których większość jest używana do kąpieli przez pielgrzymów i znaczących duchowo ceremonii pudży hinduskiej, podczas gdy kilka jest wykorzystywanych wyłącznie jako miejsca kremacji hinduskiej. Kroki w ghat prowadzą do brzegów Gangesu, w tym do Dashwamedh Ghat,

Manikarnika Ghat, Panchganga Ghat i Harishchandra Ghat, gdzie Hindusi kremują swoich zmarłych. Wiele ghatów jest związanych z hinduskimi legendami, a kilka z nich jest obecnie własnością prywatną.

Wiele z tych ghatów zostało zbudowanych pod patronatem Maratasów, Shindesów (Indianie), Holkarów, Bhonslesów i Peshwasów. Większość z nich to kąpieliska, podczas gdy inne są wykorzystywane jako miejsca kremacji. Poranna przejażdżka łodzią po Gangesie przez ghaty jest popularną atrakcją turystyczną. Rozległe połacie ghatów w Varanasi uwydatniają nadbrzeże z mnóstwem kapliczek, świątyń i pałaców zbudowanych "piętrowo nad brzegiem wody".

Dashwamedh Ghat jest głównym i prawdopodobnie najstarszym ghat Varanasi położonym na Gangesie, w pobliżu Świątyni Kashi Vishwanath. Uważa się, że Brahma stworzył ten ghat na przyjęcie Sziwy i poświęcił dziesięć koni podczas występu Dasa-Ashwamedhayajna. Nad i obok tego ghat znajdują się również świątynie poświęcone Sulatankesvara, Brahmesvara, Varahesvara, Abhaya Vinayaka, Ganga (Ganges) i Bandi Devi, które są ważnymi miejscami pielgrzymkowymi. Grupa kapłanów wykonuje codziennie wieczorem "Agni Pooja" (sanskryt: "Kult Ognia") na tym ghat jako poświęcenie dla Sziwy, Gangi, Surija (Słońca), Agni (Ognia) i całego wszechświata. Specjalne aartis odbywają się we wtorki i na święta religijne.

Manikarnika Ghat to Mahasmasana, główne miejsce kremacji hinduskiej w mieście. Przyłączając się do ghat, są podniesione platformy, które są używane do rytuałów rocznicowych śmierci. Według mitu mówi się, że spadł tu kolczyk Shivy lub jego żony Sati. Napisy z okresu Gupty z IV wieku wspominają o tym ghat. Jednak obecny ghat jako stały wał nadrzeczny został wybudowany w 1302 r. i w ciągu swojego istnienia był co najmniej trzykrotnie remontowany.

Bachraj Ghat

The Jain Ghat: Uważa się, że Varanasi jest miejscem narodzin Suparshvanathy (7 tirthankara) i Parshvanathy (23 tirthankara). Jain Ghat lub Bachraj Ghat jest Jain Ghat i ma trzy Świątynie Jain położone nad brzegiem rzeki. Uważa się, że Jain Maharadżowie byli właścicielami tych ghatów. Bachraj Ghat ma trzy świątynie Jain w pobliżu brzegów rzeki, a jedna z nich jest bardzo starożytną świątynią Tirthankara Suparswanath.

Świątynie

Wśród the szacować 23,000 świątynia w Varanasi, the świątynia popularny dla cześć być: the Kashi Vishwanath Świątynia Shiva; the Sankat Mochan Hanuman Świątynia; i the Durga Świątynia, znać dla małpa który zamieszkiwać w the wielki drzewo w pobliżu.

Świątynia Kashi Vishwanath, najważniejsza świątynia w Varanasi.

1. Świątynia Kashi Vishwanath, na Gangesie, jest jedną z 12 świątyń *Jyotirlinga* Shiva w Varanasi. W ciągu całego swojego istnienia świątynia była wielokrotnie niszczona i odbudowywana. Meczet Gyanvapi, który przylega do świątyni, jest jej oryginalnym miejscem. Świątynia, która jest również znana jako Złota Świątynia, została zbudowana w 1780 roku przez królową Ahilyabai Holkar z

Indore. Dwa pinakle świątyni są pokryte złotem i zostały podarowane w 1839 roku przez Ranjita Singha, władcę Pendżabu. Złocenie kopuły planowane jest w ramach proponowanej inicjatywy Ministerstwa Kultury i Spraw Religijnych Uttar Pradesh. Liczne rytuały, modlitwy i aartis odbywają się codziennie w świątyni między 02:30 a 23:00.

2. Świątynia Sankat Mochan Hanuman, która znajduje się nad rzeką Asi, jest jedną ze świętych świątyń hinduskiego boga Hanumana. Obecna świątynia została zbudowana na początku XIX wieku przez wykształconego i niepodległego Indianina, Pandita Madana Mohana Malaviya, założyciela Hinduskiego Uniwersytetu Banaras. Zgodnie z hinduską legendą świątynia została zbudowana w miejscu, gdzie średniowieczny hinduski święty Tulsidas miał wizję Hanumana. Podczas ataku terrorystycznego z 7 marca 2006 r. jedna z trzech eksplozji uderzyła w świątynię w czasie trwania ślubu i spowodowała obrażenia 30 osób, oprócz 23 zgonów. Po ataku, wewnątrz świątyni zainstalowano stały posterunek policji.

The 18-wieczny Durga Kund świątynia, także znać jako the "Małpi Świątynia"

1. W Varanasi znajdują się dwie świątynie poświęcone bogini Durgi: Durga Mandir budować w the 16th wiek (dokładny data nie znać), i Durga Kund (Sanskryt "kund" znaczenie "staw lub basen") budować w the 18 wiek. Duża liczba Hinduski oddany odwiedzać Durga Kund podczas Navratri the bogini Durga. The świątynia, budować w the

Nagara styl architektoniczny, mieć wielowarstwowy iglica i barwić czerwony z ochra, the czerwony kolor Durga. The budynek mieć prostokątny zbiornik woda dzwonić the Durga Kund ("Kund" znaczyć staw lub basen). Podczas corocznych obchodów Nag Panchami w Kundzie odtwarzany jest akt przedstawiania boga Wisznu leżącego na wężu Szesza. Podczas gdy Świątynia Annapurna, znajdująca się w pobliżu Świątyni Kashi Vishwanath, jest poświęcona zboczeńcom Annapoorna, bogini jedzenia, Świątynia Sankatha przylegająca do Sindhia Ghat jest poświęcona Sankatha, bogini lekarstwa. Świątynia Sankatha posiada dużą rzeźbę lwa i skupisko dziewięciu mniejszych świątyń poświęconych dziewięciu planetom.

Świątynia Parshvanath Jain

- Świątynia Parshvanath Jain: Świątynia Parshvanath Jain, Varanasi jest świątynią religii Dżinu poświęconą Parshvanathowi, 23-temu z kolei Thirthankara, który urodził się w Bhelpur w Varanasi. Boziak w świątyni ma czarny kolor i 75 centymetrów (30 cali) wysokości. Znajduje się w Bhelapur, około 5 km (3,1 mil) od centrum miasta Varanasi i 3 km (1,9 mil) od Hinduskiego Uniwersytetu Benares. Należy do sekty dżinizmu digambara i jest świętą tirtą lub centrum pielgrzymkowym dla Dżinów.
- Inne świątynie godne uwagi to: Bharat Mata Mandir, poświęcony narodowej personifikacji Indii, który został zainaugurowany przez Mahatma Gandhiego w 1936 roku, Świątynia Kalabhairav,

Świątynia Mrithyunjay Mahadev i Świątynia New Vishwanath znajdująca się w kampusie BHU, Tulsi Manas Mandir.

Kultura

Literatura

Znani indyjscy pisarze, którzy mieszkali w tym mieście, to Kabir, Ravidas i Tulsidas, którzy napisali tu wiele z jego Ram Charit Manas. Kulluka Bhatt napisała najbardziej znaną relację o Manusmriti w Waranasi w XV wieku, Późniejszymi pisarzami miasta byli Acharya Shukla, Baldev Upadhyaya, Bharatendu Harishchandra, Devaki Nandan Khatri, Hazari Prasad Dwivedi, Jaishankar Prasad, Kshetresa Chandra Chattopadhyaya, Sudama Pandey (Dhoomil), Vagish Shastri, i Vidya Niwas Mishra.

W Waranasi wydawanych jest lub było kilka gazet i czasopism, na przykład Varanasi Chandroday i jego następca Kashivartaprakashika, który stał się tygodnikiem, wydanym po raz pierwszy 1 czerwca 1851 roku. Główną gazetą jest Aj, hindijęzyczna gazeta nacjonalistyczna wydana po raz pierwszy w 1920 roku. Gazeta ta była nadburciem Indyjskiego Kongresu Narodowego i jest główną gazetą hinduskich północnych Indii.

Sztuka

Obrazy ścienne, Varanasi, 1974

Varanasi jest głównym ośrodkiem sztuki i wzornictwa. Jest producentem jedwabiu i brokatów z nićmi złotymi i srebrnymi, tkania dywanów, zabawek drewnianych, bransoletek ze szkła, wyrobów z kości słoniowej, perfum, wyrobów z mosiądzu i miedzi artystycznej oraz różnych wyrobów rękodzielniczych. Cmentarz kantonowy Brytyjskiego Raju jest obecnie siedzibą Varanasi's Arts and Crafts.

Do znanych artystów (muzyków i tancerzy) i historyków związanych z miastem należą Bismillah Khan, Ravi Shankar, Girija Devi, Gopal Shankar Misra, Gopi Krishna, Kishan Maharaj, Lalmani Misra, N. Rajam, Siddheshwari Devi, Samta Prasad i Sitara Devi.

Muzyka

Sant Goswami Tulsidas Awadhi Hindi poeta i propagator muzyki Bhakthi w Varanasi

Tradycja muzyczna Varanasi wywodzi się z czasów pauranistycznych. Według starożytnej legendy, Sziwie przypisuje się rozwijającą się muzykę i formy taneczne. W okresie średniowiecza rosła popularność wodewizmu, ruchu Bhakti, a Waranasi stało się kwitnącym ośrodkiem dla takich muzyków jak Surdas, Kabir, Ravidas, Meera i Tulsidas. Podczas monarchicznych rządów gubernatora Chandry w XVI wieku, styl śpiewania Dhrupad otrzymał patronat królewski i doprowadził do innych pokrewnych form muzyki, takich jak Dhamar, Hori i Chaturang. Obecnie Dhrupad maestro Pandit Ritwik Sanyal z Varanasi pracuje nad ożywieniem tej sztuki-muzyki.

W ostatnich czasach Girija Devi, rodzima słynna klasyczna śpiewaczka thumris, była powszechnie doceniana i szanowana za swoje muzyczne wykonania. Varanasi jest również kojarzony z wieloma wspaniałymi instrumentalistami, takimi jak Bismillah Khanand Ravi Shankar, słynny sitarista i muzykolog, który otrzymał najwyższą cywilną nagrodę kraju, Bharat Ratna. Varanasi dołączył do światowego zespołu UNESCO "Cities of Music" w ramach sieci Creative Cities.

Festiwale

W Maha Shivaratri (luty), procesja Sziwy przechodzi ze Świątyni Mahamrityunjaya do Świątyni Kashi Vishwanath. Dhrupad Mela to pięciodniowy festiwal muzyczny poświęcony stylowi dhrupad, który odbywa się w Tulsi Ghat w lutym i marcu. Świątynia Sankat Mochan Hanuman obchodzi Hanuman Jayanti (marzec-kwiecień), urodziny Hanumana. Organizowana jest specjalna puja, aarti i publiczna procesja. Od 1923 roku świątynia organizuje pięciodniowy festiwal muzyki klasycznej i koncertów tanecznych o nazwie Sankat Mochan Sangeet Samaroh, na który zapraszani są ikoniczni artyści ze wszystkich części Indii.

Ramlila z Ramnagar jest dramatyczną inscenizacją legendy Ramy, jak powiedziano w Ramacharitamanasie. Sztuki, sponsorowane przez Kashi Naresh, są wykonywane w Ramnagar każdego wieczoru przez 31 dni. Ostatniego dnia uroczystość osiąga crescendo, gdy Rama pokonuje króla demonów Ravanę. Kashi Naresh Udit Narayan Singh rozpoczął tę tradycję około 1830 roku.

Kryszna stojąca na wężu Kaliya podczas festiwalu Nag Nathaiya w Waranasi

Nag Nathaiya jest obchodzona w czwartym księżycowym dniu ciemnego dwutygodniowego hinduskiego miesiąca Kartik (październik-listopad). Upamiętnia on zwycięstwo Kryszny nad wężem Kaliją. Z tej okazji na brzegach Gangesu posadzono dużą gałąź drzewa Kadamba (Neolamarckia cadamba), aby chłopiec, grający rolę Kryszny, mógł wskoczyć do rzeki na obrazie przedstawiającym Kalię. Stoi nad figurą w tanecznej pozie grającej na flecie, a publiczność obserwuje z brzegu rzeki lub z łodzi. Bharat Milap świętuje spotkanie Ramy i jego młodszego brata Bharata po powrocie tego pierwszego po 14 latach wygnania. Obchodzone jest w październiku i listopadzie, dzień po święcie Vijayadashami. Kashi Naresh bierze udział w tym festiwalu w swoim królewskim stroju. Festiwal przyciąga dużą liczbę wielbicieli.

Ganga Mahotsav to pięciodniowy festiwal muzyczny organizowany przez Departament Turystyki Uttar Pradesh, który odbywa się od listopada do grudnia. Punkt kulminacyjny znajduje się dzień przed Kartikiem Purnimą, zwanym również festiwalem w Gangesie. Z tej okazji do Gangesu przyjeżdżają tysiące pielgrzymów, wypuszczają z ghatów zapalone lampy, by unosić się w rzece.

Główne muzułmańskie festiwale obchodzone corocznie w mieście to ld-ul-fitr' (Ramzan), Bakrid, Mid-Sha'ban, Bara Wafat i Muharram. Dodatkowe festiwale to Alvida i Chehlum. Niereligijnym festiwalem obserwowanym przez muzułmanów jest Ghazi-miyan-ka-byaha ("małżeństwo Ghaziego Miyana").

Rozdział 1

కాలజ్ఞానం

"ద్రావిడులందునలోకేశ్వరుడువచ్చిపుట్టీనిమా "

"కమలాలయనుగూడికమలనాభుండు

రమణీమణినిగూడిరామధర్మజులు

కదలివచ్చెడుజూడకలికిరూపమున".

Sarvajna Dwipada

శ్లో : ప్లవంగేపంచగ్రహణేసూర్యాస్తువలయాకృతిః

తన్మధ్యేవిష్ణురూపస్యాత్తద్భక్తానాంప్రియావపమ్

శ్రుతిపీతాభాస్వత్యణూపమా

Subbaraya Kalagnanam

"భువిలోదక్షిణఅమెరికాదేశమునభూకంపంబహుగానుబుట్టినిమా".

Govinda Vakyam 131

"ప్రకటముగఅమెరికాదేశమునందుప్రజలుంచుకొనిపాలించేరుమా".

Govinda Vakyam 136

"వీరవసంతరాయలుపదకొండోయేటబయటవెళ్ళును"

Sarvajna Kalagnanam

"పార్థివోపార్థివోభూపావ్యయోభూపాక్షయంగతః "

Vidyaranya Kalagnanam

"ఆశ్వయుజమాసకృష్ణపక్షమందుపంచాంగములేకపొయ్యేనిమా

కాలపరిపక్వముజనులకుముందరకార్తీకమాసమునకలిగినిమా

బాలచంద్రునికాంతికనరాకపొయ్యేనిభానుకాంతిలణగొయ్యేనిమా".

Govinda Vakyam 279 & 280

"పెళపెళనార్చుచుబేతాళసమితికదియంగనుదయించుకపిలునివలన"

Sarvajna Dwipada

చెప్పలేదొయ్యేరునరులారగురంటనకపిచేరమ్రొక్కున్రతుకనేరేర్చేరెబ||

చెపుేద్పలొయ్యేరుతప్పదిదిగోగురంటనకపివాక్యమున*

ంందోవనుపోవితారలచప్పరించిమ్రింగేశక్తులతప్ప||

మొప్పెతనమునమోసపొయ్యేరు* అదిగాకకొందరుగొప్పతనమునగోసుమీరెరెరు*

ఇప్పుడప్పుడనగరాదుఎప్పుడోఏవేళనోమరోమరోమరి*

గుప్పుగుప్పాటిరిరియేడుగునద్రపడుగుగులుఏరుపడును|| తమతప్పులుచున్నారు

తార్కాణమైతేయెక్కువతోదెలియనేర్తురు||

జోకతోడుతతల్లుతలచిల్లలుజోడుబాసియడవిపందు*

కాకిశులుచెనోకమ్రజలుకాయగసురులసమలిచత్తు|

కేకవేసియుప్రాణమిడిచేరురాకాసిమూకలుకాకబట్టికలువరిచేరు*

ఆకసాముసెర్రనౌనుఆరుమతములొక్కటౌను*

లోకమందుజనులుఅందరునీరునిప్పునమునిగిపోదోదురు||MAMY NADZIEJĘ, ŻE W TEN SPOSÓB UDA NAM SIĘ TO OSIĄGNĄĆ.

అగలువిడిచొగలుదాటేరు* అదిగాకపట్టపగలుచుక్కలుచూచిభ్రమసేరు||

భుగిపుభుగులుధ్వనులుమింటను|| పాతకూలుమంటగలసేరు||

పుణ్యాత్ములైనసాధువులుసంతసంచెరు* భుమిమీదధుధాములుపూమ్లిపుటిగిన*

పిమ్మటానురామరామయననెరారలురాలిపోదురుతినొండి|| ఏమొఎమెలికున్నారు*

ోఏరెందుజూచినయమునిపురుగకేనడువమందూరు*

భుతలంబుననిట్టివింతలుపుట్టియణగినపిమ్మటాను*

నీతికృతయుగధర్మమప్పుడునిజమునీదతెలియిలకడమున||

ముందువుకలుగానకునారున*　　మూర్ఖులైభైనిలోముందియుెరుగకున్నుగతున*

కండకోవతోపిన్నపెద్దవికన్నుగానకగర్వములచే*

మందెమేళములాడువారినిబందుబందుగగోతురక్కడ||　　కీడులైననుకూడనందురు*

ఒనగూడినప్పుడుయేడజూచినవాడుకొందరు.

వేడుకతోపోతులూరివీరభోగవసంతరాయలుయేడుదీవులుయేకచక్రమునేలునుబ్రహ్మం

డమంత||

కాలజ్ఞానతత్త్వము

ఏకాదశాశ్వాసము

16 grudnia 2018 r.

శ్లో　　:　　వేదవద్వీరనార్యాణంసుబ్బయార్యమమాత్మజః

వీరభోజోద్భవంపక్షేదైవజ్ఞాభీష్టసిద్ధయే.

తదేవానందబ్రహ్మోక్తసిద్ధాంతేనకరోమ్యహం

భానుమత్యనుసారేణరుద్రాందానాంతులక్షణం

గజవేదనవాంభోధీకలివర్షగతేభువిః

ప్లవంగాబ్దేభానుబింబంకంకణాకారముచ్యతే.

తాత్పర్యం:

"గజవేదనవాంభోధీకల్పగతేభువిః'- వేద 4, నవ 9, అంభోధి 4, గజ 8 అంటే 4948 కలిసంవతివరులుమీదట "ప్లవంగాబ్దేభానుబింబంకంకణాకారముచ్యతే'- రాబోయేప్లవంగన్సరమంవతామసంలోసూర్యబింబంకంకణారముగాకనపడును.

శ్లో : ప్లవంగేద్విత్రిగ్రహణాఃసూర్యాచంద్రమసోక్రమాత్ ఇమేపంచగ్రహణాశ్చకృష్ణవేణ్యాశ్చదక్షిణే.

తాత్పర్యం:

ఆప్లవంగనామసంవత్సరంలోసూర్యగ్రహణాలు 2, చంద్రగ్రహణాలు 3 వచ్చును.

Powyższe 2 slogany stwierdzają, że "po 4948 roku kaliyuga, w następnym Plavanga nama samvatsaram nastąpi zaćmienie słońca, które jest widoczne jako 'Pierścień Ognia'. A w tym samym roku będą 2 zaćmienia słoneczne i 3 księżycowe".

Jak wynika z obliczeń, Kaliyuga rozpoczął się w roku 2930-29 p.n.e., więc dokładnie 4948 lat Kaliyuga przychodzi do 2018-19 n.e. Następna Plavanga nama samvatsara przychodzi w roku marzec 2027-marzec 2028 n.e.

Wracając do drugiego slokamu, powiedziano, że - będą 2 słoneczne i 3 księżycowe zaćmienia w tym plavanga nama (2027-28) rok. To znaczy - między początkiem miesiąca Chaitry a końcem miesiąca Falguna Plavanga nama samvatsara (styl hinduskiego kalendarza) powinny być 2 słoneczne i 3 księżycowe zaćmienia, które powinny być między 07 kwietnia 2027 roku a 26 marca 2028 roku.

Zaćmienie słoneczne 1: 2027 Sierpień 02nd - Całkowite zaćmienie słoneczne Zaćmienie słoneczne 2: 2028 Styczeń 26th - Pierścieniowe zaćmienie słoneczne Zaćmienie księżyca

1: 2027 Lipiec 18 - Pięciokrotne zaćmienie księżyca Zaćmienie księżyca 2: 2027 Sierpień 17 - Zaćmienie Księżyca Penumbralskiego Zaćmienie Księżyca

3: 2028 Styczeń 12-ty - Częściowe zaćmienie księżyca

Tak więc wspomniana wyżej Plavanga nama samvatsara jest 2027-28 roku n.e. sama, jak pozostałe lata 1927,1967, 2087,2147, 2207 itd., nie mają dokładnie 2 słonecznych i 3 księżycowych zaćmień.

శ్లో : యమేసూర్యగ్రహేకించిత్దృశ్యాదృశ్యోభవేత్తతః

యమేచతుస్యాగ్రహణాంకృష్ణవేణ్యుదగ్దిశి.

శ్లో : జనానాంసర్వదేశానాంసంజ్ఞార్థంగురుమహేవయమ్

అయమాదిత్యమధ్యేతుసవ్యస్యంకంకణాకృతిః

సేతువేషార్థయోర్మధ్యేకాశీశ్రీరంగదేశయోః

భిన్నకంకణరూపస్యాంకుంభకోణేరవేర్వపుః

శ్లో : గౌతమీనర్మదామధ్యేభిన్నకంకణముచ్యతి

తస్యాఉదీచిగ్భాగేకాశీవింధ్యాద్రయోరపి

అస్మిన్శ్రీశైలదేశేతుకంకణాకారముచ్యతి

శేషాద్రిగౌతమీమధ్యేఉదయోదివిదృశ్యతి.

శ్లో : ప్లవంగేపంచగ్రహణేసూర్యాస్తువలయాకృతిః

తన్మధ్యేవిష్ణురూపస్యాత్తద్భక్తానాంప్రియావపమ్

శ్రుతిపీతాభాస్వత్యణూపమా

తాత్పర్యం:

ఆప్లవంగనామసంవత్సరంలోవచ్చే 5 గ్రహణాలలో, సూర్యుడువలయాకృతిలోకనబడుతాడు. ఆసూర్యబింబంమధ్యలోభక్తులకుఅణుసమానమైనబంగారువర్ణంలోప్రకాశించుశ్రీమహావిష్ణువుదర్శనమిస్తారు.

శ్లో : ఏషామాపౌర్ణమధ్యేవంలోకేఖ్యాతిగమిష్యతి

తథాతుపుష్పవృష్టిస్యాద్వహంతుపుణ్యజుషు.

తాత్పర్యం:

అమావాస్యపౌర్ణములమధ్యలోకంలోనిపుణ్యప్రాణులపైపుష్పవానకురిపించినట్టుగబహుకీర్తిపొందుతారు.

Między 02 sierpnia 2027 r. a 17 sierpnia 2027 r. cnotliwi ludzie zostaną nagrodzeni na ziemi.

శ్లో : ఛాదయేదర్క ఇందుస్యాత్శీతాంశుబింబవలయంస్యాత్

ఇదంరహస్యంతద్రూపృష్ట్వావీరోదయంభువి

యూయమిత్యేవపుణ్యాత్మాజ్ఞాతాశ్రీవీరధర్మజా.

ఇతిదైవజ్ఞవిరచితేవీరధర్మజచరిత్రేప్రథమాధ్యాయః

తాత్పర్యం:

ఇట్టిరహస్యమైనసూర్యగ్రహణాన్నేపెద్దలు "అమావాస్యనాడుచంద్రోదయం" అనిఅన్నారు.

ఈదృశ్యంచుసేనాటికిభూమియందువీరవసంతరాయలుఉద్భవించివుంటారు.

ఈయొక్కరహస్యమువంటిఈగ్రహణముభూమియందుదృష్టాంతరంచూచేయెడలలోకానికివిరోధముగలిగేటట్లుపుణ్యాత్ములువాడైనటొందురు.

ఇదివీరధర్మజులుఉద్భవమయ్యేటందుకుహేతువు.

శ్లో : ప్లవంగాష్టకవరాణాంవృషాదిదశరాశిషు.

యావచ్ఛిష్టసురాచార్యాతావద్రాశిత్రయంక్రమాత్.

తాత్పర్యం:

ప్లవంగసంవత్సరంమొదలుకొనిఎనిమిదిసంవత్సరములకు, బృహస్పతివృషభరాశినుంచిపదిరాశులదాకఇష్టానుసారంగరాశిత్రయములుగానడుచును.

శ్లో : త్రిభిస్స్యాదష్టవర్షాణాంక్రమాదేకైకవత్సరే

యావచ్ఛిష్టసురాచార్యోతావన్నపభయావహం

ఏకైకాబ్దేత్రిరాశిఃస్యాత్ప్లవంగాదియథాకమాత్

గురుకర్కటరాశ్యాదిత్రివర్షేఏకరాశినామ్.

ఇతిదైవజ్ఞవిరచితేవీరధర్మజచరిత్రే

గురుచారేద్వితీయోధ్యాయఃశనిచారః

తాత్పర్యం:

ప్లవంగసంవత్సరంనుంచిగురువుసంవత్సరానికిఒకరాశిప్రకారంమాత్రమేనడుచు

ను.

ఎనిమిదిసంవత్సరములతరువాతసంవత్సరమునకుమూడురాశులుగాగురువుసంచ

రించును. అలాసంచరించుటవలనరాజులకుభయంకలుగును.

Zgodnie z powyższymi 2 slokami - po 8 latach Plavanga nama samvatsara (2027-28 r. n.e.) Jowisz zaczyna przejeżdżać trzy znaki w roku (podczas gdy w normalnym trybie przechodzi tylko jeden znak w roku).

Przepowiednia ta jest prawdziwa, gdyż po 8 latach od 2028 r. n.e. od 14 kwietnia 2036 r. Jowisz przechodzi do Taurusa (వృషభరాశి) i na swój sposób przechodzi przez trzy znaki rocznie do 2050 r. n.e. Jest to spowodowane częstymi ruchami wstecznymi Jowisza. Z powodu tego rodzaju niezwykłych przejść Jowisza, władcy tych okresów będą drżeć w swoich sercach.

శ్లో : కీలకాబ్దేప్రదిష్టేతుమీనరాశింశనైశ్చరే

మేషేసాధారణాబ్దాంత్రాంప్రమాదీచవత్సరే.

రాక్షసేయుగ్మరాశింస్యాత్ప్రవేశోభ్ధ్యరాత్మజా

చాయసూనుప్రవేశంస్యాత్పింగళాబ్దేతుకర్కటే

ఇతిదైవజ్ఞవిరచితేవీరధర్మజచరిత్రే

తృతీయోధ్యాయఃశనిచారః

కన్యారాశిగతేజీవేవిక్రమొవీరధర్మజ

ప్రయాణోభవేత్ - శ్రీమాన్పీతంబరధరప్రియాః

తాత్పర్యం:

"కన్యారాశిగతేజీవేవిక్రమొవీరధర్మజప్రయాణోభవేత్" -

గురువుకన్యారాశికివచ్చేటప్పటికివీరధర్మజులప్రయణంమొదలవుతుంది.

Do 03 listopada 2039 roku Jowisz wchodzi na znak Virgo:: do tego czasu Veera Vasantaraya rozpoczął już swoją misję.

శ్లో : తులారాశిగతేజీవేధూమకేతూద్భవంభవేత్

అళిస్తేతుసురాచార్యేవృష్టిస్యాత్ఫలవృద్ధయః

తాత్పర్యం:

తులారాశికిగురువుప్రవేశించగానేధూమకేతువుఉద్భవమవుతుంది.

Do 03 grudnia 2040 r. Jowisz wchodzi na znak Libra. Asteroida "2011AG5" pojawia się na niebie.

గురువృశ్చికరాశిప్రవేశించగానేఅతివృష్టి, ఫలవృదువిలగును.

Od 01 stycznia 2042 roku Jowisz wprowadza znak Skorpiona. Rośliny uprawne będą produkowane w dużych ilościach.

శ్లో : చాపస్తేతుసురాచార్యేలోకేస్మిన్వీరధర్మజః

పుణ్యపాలనంస్యాత్రాక్షసందుష్టనిగ్రహః

తాత్పర్యం:

గురువుధనుస్సుకుప్రవేశమైతేను,

వీరధర్మజులవారుపుణ్యులనురక్షించిదుష్టులనునిగ్రహించగలరు.

Od 27 stycznia 2043 roku, Jowisz przejeżdża przez Strzelec. Veera Dharmaja ustanawia Dharmę i będzie karać grzeszników.

శ్లో : మృగరాశిగతేజీవేనగసత్వపరాక్రమాత్

పినాకినీమపిసైన్యంచశ్రైలస్యసమాగతాః

కుంభరాశిగతేజీవేభుమిదేవ్యాంశుభావహం

తాత్పర్యం:

మకరరాశియందుబృహస్పతిప్రవేశమైతేను,

సకలపరాక్రమమైనవీరధర్మజులవారుసైన్యంతోపినాకినితీరమునుండిశ్రీశైలానకువస్తూ

వున్నారు.

Od 15 lutego 2044 roku, Jowisz wchodzi na Koziorożec. Veera Dharmaja wraz ze swoją ogromną armią rozpoczyna swoją podróż w kierunku Srisailam od brzegów rzeki Pinakini.

కుంభరాశోగురుడిలేశమైతేను,

ఆవీరధర్మజులుఈభూమినిశుభంగాపరిపాలించెరు.

Od 01 marca 2045 r. Jowisz przepływa przez Aquarius. Veera Dharmaja będzie pokojowo rządzić krajem.

శ్లో : ఋుషజ్యతేసురగురౌకీర్తిమాంరామధర్మజా

పట్టాభిషేకంకుర్వంతిపాలయంధరణీసురాన్.

తాత్పర్యం:

మీనమందుబృహస్పతిప్రవేశమైతేనుర్మజులవికిపట్టభిషేకముఅగును.

వారిసామంతదేవతలుభుమినిపరిపాలించెదరు.

12 marca 2046 roku, Jowisz wchodzi do Pisces. Rama Dharmaja zostanie ukoronowany. A jego bogowie będą władać ziemią.

శ్లో : మీనరాశిగతేమందేమ్ళేచ్ఛానాంనాశనంభవేత్.

కించిత్సౌఖ్యంతుజగతిసంయుతేక్రియతేశనౌ.

తాత్పర్యం:

మీనమందుశనిప్రవేశమైతేను, మ్ళేచ్ఛనాశనంజరుగును

Po przejściu Saturna do Pisces od 14 maja 2054 r. Ateiści zginą.

మేషమందుశనిప్రవేశమైతేనుజగతుకుకొంచెమౌఖ్యంకలుగును.

Kiedy Saturn wejdzie w Barany od 06 kwietnia 2057 roku, świat zyska trochę spokoju.

శ్లో : వృషభరాశిగతేమందేఈశన్యేవిషవాయవః

త్రైస్యాద్విపరీతజనాఃయమలోకంగమిష్యతి.

తాత్పర్యం:

శనివృషభరాశియందుపేశమైతేను,

ఈశన్యమూలవిషవాయుప్రవుట్టీవిపరీతజనులనుయమలోకానికితీసోవును.

Od 27 maja 2059 roku, po tym jak Saturn wejdzie w znak Taurus, gaz trujący narodzi się na północnym wschodzie i pochłonie wielu grzeszników.

శ్లో : శనౌస్థితేజుగ్మరాశౌభవేత్భూభారనాశనమ్

ఆనందేదనుజాబ్దేతులోకేశ్మిన్కలినాశనమ్.

ఇతిదైవజ్ఞవిరచితేవీరధర్మజచరిత్రేచతుర్థోధ్యాయః

తాత్పర్యం:

శనిమిథునరాశికిప్రవేశింపగానేభుభారనాశనమగును.

Do 10 lipca 2061 roku, kiedy Saturn wejdzie do Gemini, ciężar Ziemi zostanie zmniejszony.

ఆనందనామసంవత్సరందనుజనామసంవత్సరంలోలోకంలోకలిధర్మంనాశనమ

వుతుంది.

Między 2094 a 2096 rokiem, Kaliyuga Dharma zginie z ziemi.

శ్లో : ఆనందాత్సరేసూతాదూతనట్యసమాగతాః

వసుధాకీర్ణకృపణైఃభేతాళస్యతథాగతః

తాత్పర్యం:

ఆనందనామసంవతంలోయమదూతలునాట్యమాడుచువచ్చుదురు.

Od 2094 roku, żołnierze Lorda Yamy przybywają w pośpiechu do pracy.

భేతాళపులచేతవసుధలోగలదుష్టంపునాశనమవుతారు.

Każdy grzesznik na ziemi zginie w wojnach "*Bhethala*".

ద్విపద

16 grudnia 2018 r.

కావింపదూతలకపిలుడేతెంచి

హోమంబుగావింపహోమగుండంబు

భీమదేశంబునపెడబొబ్బలిడుచు

జనుదేరనొకనిశాచరునిబుట్టించి

మనుజులభక్షింపుమనివానిపనుప

భాద్రపదంబునపడమటిదిశను

రౌద్రవేగంబునరహినివసించి

పడమటికరుదేరప్రజలుభీతిల్ల

వడకుచుజనుదేరవరణుండుచూచి

యువరోషముననునత్యుగ్రతదనర

తవిలిహోమముచేయదనరగుండమున

ముప్పదిరెండుమోములశక్తిపుట్టి

మదినల్గియాశ్వీజమాసంబునందు

చదురుగానామీదశనిసప్తమంబు

వీక్షించిదేవతావిభుడుమానవులు

భక్షించిదేవతావిభుడుమానవుల

భక్షింపుమనిపునటురౌద్రలీల

మేటిజీవులబట్టిమ్రింగనూహింప

గాటంబుగానుయుగాంతమైతోచె

చటులమైవృశ్చికసంక్రాంతియందు

చటులతత్కాంచివక్షంబునచేర్చి

వరుణదేవునిజూచివసుధేశుడనియె

గురుతుగాలింగాలకొండకుపోయి

కడమభైరవునితోక్రమమెల్లదెలిపి

పనిబూనిదానవియనాలుసమకాల

శక్తిపశ్చిమదిశసరగునటంప

భక్తిదప్పకస్వామిపనులుగావింపు

మనినీవుచెప్పిననావిధంబంత

మనమునదలచగమాశరణమున

వలనొప్పగర్వించివాడున్నజూచి

తలద్రుంచియాధ్వజస్తంభంబునందు

గట్టి, ఫలమ్ముగకడువరణుండు

పట్టుగాచనికాలభైరవుతోడ

గట్టిగానెరిగించికాదంటివేని

మనమునవీరధర్మజుపాదమాన

నినుసంహరించెదనిజమనిపలుక

వరుణదేవుండుగ్రవాక్యంబులకును.

వెరచిమీరలుసెలవిచ్చినయట్లు

గావింతుననసమకాలశక్తియును

వేవేగదాసెలవిచ్చిననదియు

నటదక్షిణంబులకరిగిభూసురుల

మకరకుంభంబులమాసంబులందు

కకవికలనుమహాకల్పాంతమయ్యె

పడియేడ్చుమానవుల్భ్రమయుమానవులు

కడునేలబడిదుమ్ముగరచుమానవులు

బెదరుమానవులుతబ్బిబ్బుమాటలను

పదరుమానవులుజీవంబులువిడిచిచి

తలగుమానవులుచిత్తంబులనొంది

పలవించుమానవుల్పలువిధంబులను

గుండెలువ్రక్కలైగూలుమానవులు

తడయకపెదవులుతడుపుమానవులు

మరిభక్తజనములమందిరంబులకు

శరణార్థులగుచునుజనెడిమానవులును

కావవేదయననికరుణరక్షింప

తీవరంబుగనోరుదెరచుమానవులు

విశ్వమంతయుమహాభీతినిబొంది

తహతహపాటునతల్లడించుచును

ఏడినారాయణుండేడిరక్షకుడు

ఏడిరాజోత్తముడేడిసామంతు

డేడిసంక్రందనుండేడిగురుండు

శివుడేడిమనలనుచేరిరక్షింప

ఎందున్నవాడొకోయెవ్వరుదిక్కు

కందళితానందకరుడైనశౌరి

రామధర్మజులకురాదయ్యెకరుణ

దీమసంబువరుణదేవుండుమనకు

ఇచ్చినఅభయంబుఎక్కడపోయె

చచ్చినమీదటసౌఖ్యంబులేల

కుశలవక్ష్మాపాలకుడుమహాత్ముండు

విశదంబుగామమ్మునేలునటంచు

ఆశతోనుంటిమిఅయ్యయోనేడు

ఆశలన్నియునునిరాశలైపోయె

సురపతిమముదయజూడలేదయ్యె

మరచియున్నడొకొమనయువరాజు

వీరధర్మజుదయావృత్తమెందరిగె.

కారణమేగతికాగలదొక్కొ

అనిభక్తవీరులున్నతిభీతినొంది

ఎనయంగచింతించుచున్నయత్తఱిని

వినరావొభక్తులవిన్నపంబులును

శక్తియుపద్రవజాడలప్రజలు

యుక్తిదప్పినరీతినున్నారునేడు

మనసురపతియైనమర్యాదలుండ

వనిమీకుదెల్పెదనవురబాగాయె

శాశ్వతంబైనట్టిసకలకర్యములు

అశ్వనిగూడివాడన్నియుమఱచె

చెండార్చిశమనుండుసతులతోగూడి

గండెక్కియున్నాడుకడగిమీసొమ్ము

అప్పడంబులరీతినారగించుటకు

ఒప్పియుండినవాడువరుణదేవుండు

వాయుకుబేరుండువామదేవుండు

న్యాయంబుదప్పియున్నారుసెబాసు

ప్రభువుకార్యముతేటపడజేయువారు

విభవత్వమిదియనివినినృపాలుండు

గడగడవణకియాకపిలమునీంద్రు

నడుగగాపైబడియభినుతిచేయ

కరుణించిరాజునుకౌగిటజేర్చి

ఎఱిగింతురాజేంద్రయీసురపతిని

భక్తులరక్షింపబనువుమీక్షణము

శక్తికాములునౌచుసడలింపవలెను

అనుచురాజేంద్రునియధిపతిబిలిచి

పనువుమువరుణునిపశ్చిమంబునకు

సేనాధిపతినిదక్షిణభూమికనుపు

పనితంబుగనుసుమంతునిపూర్వదిశకు

ఉరికింపువాయువునుత్తరమునకు

విశదంబుసెలవిచ్చివీడైనపంపు

తీవ్రంబుననుమధ్యదేశంబునకును

నీవునునేనునీకపిలుండుస్వామి

వారలందఱునుపోవలెననిచెప్పి

పంపినయప్పుడుపిలిచివారలను

కనకాంబరంబులుఘనరథంబొసగి

చనుమన్నరాజుకుసద్భక్తిమ్రొక్కి

రామధర్ములుకృపారసమునజనిరి

ప్రమదంబుతోసంధిపాటిల్లనంత

అతిశయమేషసంగతిక్రౌంచపక్ష

మదిప్రమదంబుతోననుకూలమైన

సరవినుత్తరమునసాగెనాపదలు

తారలుమూడుసందర్భించెనంత

భారమైయుత్తరభాగంబునందు

ప్రకటగోదావరిపర్యంతభూమి

వికటమైవిపరీతవృత్తులుపొడమి

ఒక్కొక్కతిథియందునొక్కొక్కకోటి

నుక్కణగునుతొలియుగ్రరాక్షసులు

ఆరెండుకలియుగమన్యోన్యకలహ

క్రూరస్వభావులైకూలెడివిధము

విషవాతములచేతవిపరీతగతుల

విషయవాంఛలచేతవిపరీతగతుల

విషయవాంఛలచేతపెరచియెల్లెడల

మొదటిరాక్షసులంకముదూడిక్కులకు

పదియారుకోట్లుఏబదిరెండువేలు

పదిమహాఖర్వముల్పదియుపద్మములు

మూడుఅక్షౌహిణుల్మూడారునూర్లు

లక్షయేబదిభక్షింపనొక్క

గడియలోచూర్ణమైకడుకృష్ణదాక

మడియుదురావేళమాధవుండరిగి

ఇదెమంచివేళనీవేగుమటన్న

కదియుచుబడబాగ్నికడగిపెల్లార్చి

పాంచాననోద్భూతపావకజ్వాల

లంచితదశదిశలందునబర్వ

పృథులదంష్ట్రాభీలభీకరార్భటులు

పృథివెల్లగప్పనభేద్యమైతనర

శతయోజనములువిశాలమైరుచుల

స్థితిగాంచుగడుదీర్ఘసింహమల్లార్చి

కణగిదిగ్గనలేచిగర్జించిమించంచి

కమలాకళత్రలోకైకరక్షకుడ

తెరగేదియననాదిదేవుడిట్లనియె

గరగరిరాక్షసగణములనొడిసి

పురములుపల్లెలుభూరిదుర్గములు

వరుససంకరజాతివర్ణసంతతుల

లోకులుపదునాల్గులోకంబులందు

సకలచరాచరజంతుసంతతుల

కకవికలైదుమ్ముగర్వగతాను

దండించిఖండించితలలుత్తరించంచి

గుండెలుపగిలించిగుడ్లనుపొడిచి

చెండాడుమనియాదిశక్తికిదెలిపి

పుండరీకాక్షుడప్పుడుఇట్టులనియె

బలపడిజీవులభక్షించునెడను

తలవకమద్భక్తతతులనొక్కరిని

నైనభక్షించిననపుడెనీతలలు

మానుగాఖండించుమాకుమారుండు

గానరాజేంద్రునిగనిపంపువడసి

పూనియెక్కడికైనపొమ్మునిక్కంబు

రాజునుమఱియువరాజునుగాంచి

మాజయవార్తలుమావారితోడ

తెల్పువైశాఖంబుతెగిపోకమున్నె

మలయుచునైయష్టమంత్రులగాంచి

తొలుతనీవార్తలుతోడ్తోనచెప్పి

మావారుచెప్పినమర్యాదచొప్పు

త్రోవదప్పకపెడదోయిరాక్షసుల

సకలజీవులనొక్కజాములోవలను

వికలంబుగానీవువిరిచిభక్షింపు

ఏజాతివారైననెవరైనగాని

ఏజాడవారైననేర్పడజూచి

భక్తసంతతిపరంపరలబోనిమ్ము

భక్తులుగానట్టిపలుగాకిజనులు

వసియింపవలదంకవైళంబపొమ్ము

కాంచీపురముదాకగైకొనుసెలవు

పొమ్మనివిష్ణువుభువనరక్షకుడు

తుమ్మరపురవీరదుర్గికిట్లనియె

నీవునీసేనతోనీవేళగదిలి

అలవారణాసిపర్యంతభూములను

కడువడిపేగదిగంబరత్వమున

దడయకభువినెల్లస్థలములవెదకి

బదరికాశ్రమభూమిపరికించియవల

యదధిపర్యంతంబునున్నజీవులను

గడియకుపదికోట్లుకబళించిపేర్చి

గడియగడియకట్లుగావింపుపొమ్ము

పగలనీతడవేలపదపదతూర్పు

బెగడొందనెల్లూరుభేదింపవలయు

భాద్రపదంబునభద్రనీవింక

రౌద్రమేర్పడగశ్రీరంగపట్నమ్ము

సప్తఘటంబులసప్తదేశముల

ప్రాంతపుదేశాలబందరుదాక

అటుమీదదేశంబులరసిపోనీక

కుటిలులఖండించికొండలపొడవు

గనమొండెములుతోళ్ళుగావింపుమనియె

నంతసంవత్సరంబరిగినలక్ష్మి

కాంతుండనూహించిగరిమతోనపుడు

వరకుమారునిజూచిపైకుంతుడనియె

పలుసంధిశంకింపవలవదుమనము

జయముచేకూడెనాశ్చర్యంబుగాదు

కేశవస్వామితోక్రియలెరిగించి

భాసిల్లునీప్రియభార్యలనునిచి

రాజన్యపుత్రమిత్రాదులతోడ

రాజితంబుగయువరాజుమెప్పించి

పొలుచుదత్తాత్రేయమునివద్దకరిగి

కపిలమహామునిగాంచివసిష్ఠ

విపులవిశ్వామిత్రవిభునితోనచటనచట

భోరునపదికోట్లమునులతోగూడి

హోమంబుగావింపహోమకుండమున

కామేశ్వరియుబుట్టుగగనంబునిండ

పెళపెళనార్చుచుబేతాళసమితి

కదియంగనుదయించుకపిలునివలన

సెలవుగైకొనిపంపుశక్తియోగమున

తలపఘొటకపర్వతంబులదాక

నొకనాటిరాత్రినత్యుగ్రంబుగాగ

ఖలులనుభక్షింపుగాసిపొందెదరు

భక్తగణంబులపటుధర్మపరుల

బలభద్రుడనువానిబాడబపురికి

నంపుమువ్వరసేనుడనువానిపిలిచి

పంపుమీలంకలోపలసమీపమున

ఆపరోక్షుడుచననటతూర్పుదిశకు

కోపించిదైత్యుండుకుల్పుడన్వాడు

పదికోట్లభటులతోవచ్చిరౌద్రమున

కదనంబునకునగ్నికణములుదొరగ

సేనాధిపతిదెసచెచ్చరజూచి

సేనలనడిపించిచెలగిముంగలను

ఆదుష్టదైత్యులనందఱబట్టి

నొక్కనిపోనీకనుగ్రరాక్షసుల

చెక్కుచెక్కునదున్నెచెలగికుల్పుండు

తలచూపవెరచియుద్ధతిబారిపోయె

పొలుపుగతాధిపునివైపుచేరె

అపరోక్షుడువెసనపరాంబుధిదెస

నేపునబరతెంచియేగుటచూచి

ముదమొప్పభృగుమహామునిసంతసించి

వదలకఅక్షయబాణతూణీర

వజ్రకవచములుప్రముఖాయుధములు

కనకకుండలములుగణుతించిపిదప

వనితామణినిహేమావతియనుదాని

కులశీలములనొప్పకూతునొసంగి

వెలయంగమామనువీడ్కొనికదలి

రాజసన్నిధికేగిరహిపరోక్షుండు

రాజుసంతసమొందరత్నాంబరములు

నొసగెదత్తత్రేయుడురుసంభ్రమమున

కుసుమాంగియనుదానికూతునొసంగి

యారాజమౌళియుఆకపిలుండు

భూరిరత్నాంబరంబులుకట్నమొసగె

భద్రావతియనంగపరమకల్యాణి

భద్రలక్షణములుపరిగినసుతకు

నపుడెపెండిలిజేసియలరినగదిసి

కృషిమీరగపుష్పగిరికినేతించి

మహిమీదనాషాడమాసమేతేర

బహుజీవకోటికిబాధమెండాయె

పిడుగులద్భుతశక్తిపృథివిపైదొరగె

జటులభంగిమనురాజన్యులగదిసి

కలహించియన్యోన్యకదనరంగమున

బొరసిసర్పంబునిర్మూలనంబయ్యె

వసుధపైనెత్తురువర్షముల్కురియు

కసిబిసిగాప్రజల్గాసిచెందంగ

అంతకునంతకునయ్యెమిక్కుటము

వావివరుసదప్పివాదముల్బలిసి

పిలిపించుభక్తులప్రేమబుట్టించి

అబ్జాక్షుసన్నిధికరుగంగవలయు

వలవదాలస్యంబువలదునిక్కంబు

ధరమీదశుభముహూర్తమురేపుగలదు

జనపతియంతవైశాఖమాసమున

చనెసైన్యములతోడశౌరిసన్నిధికి

చనియువరాజుతోసకలమంత్రులును

తనరంగసాష్టాంగదండప్రణామ

మొనరించిసద్భక్తినొగిసన్నుతింప

వనజలోచనుడంతమనుమయత్వష్టృ

శిల్పిదైవజ్ఞులుచేరిసేవింప

పేడ్కతోమునివరుల్విబుధులుసడువ

పనిబూనిచతురంగబలములుగొలువ

ఘనపర్వతములునక్కజముగాడిగ్గ

దుందుభికాహళతూర్యనాదములు

అందందమ్రోయరయంబునగదలి

అక్కడక్కడభక్తులరుదెంచిమ్రొక్క

గ్రక్కునవారలకరుణించిదివ్య

దినకరశతకోటిదేదీప్యమాన

ఘనఘోటకమునెక్కిఖడ్గంబుబూని

వీరధర్మజులంతవేంచేయునపుడు

శౌరికుమారుండుసన్నిధిచేరి

కొమరొప్పముత్యాలగొడుగొప్పబట్టి

ప్రమదంబుతోయువరాజుచామరము

వీవదేవేంద్రుండువిమలగాంగేయ

రీవిరత్నముసురటియుబట్టినడువ

ననలుండుపాదుకలందందనీయ

దినకరసుతుడంతదివ్యాంబరములు

గొనితేరనందందకోణపుడతుల

పాదుకల్రయముగాబట్టియునడువ

ననిలుండుపార్శ్వంబునందందచదువ

ప్రతిలేనిభక్తితోవరుణుడత్తిజిని

నడపంబుబట్టిమన్ననమీరినడువ

నుపరివేళలపవనుండునుగొలువ

చనుదేరధనదుండుచండకోదండ

మునుదాల్చిముందరమునుమిడినడువ

ఘనగదాదండమక్కజముగదాల్చి

వెనుకనీశానుండువేడ్కతోనడువ

ముంగలనిరుపార్శ్వములునడువంగ

కపిలుడాదిగమునిగణములందందంద

విపులభక్తినినంతవేదముల్చదువ

మనుమయాదులుకాలమర్మసంగతులు

గణుతింపనాళీకగర్భుడవేళ్ళ

బహుశాస్త్రపద్ధతుల్పలుమారుదలప

తాసెమ్మిసెక్కిసేనానియురాగ

అతులమౌప్రీతివాద్యధరాదులునుగ

వాద్యసంగీతంబులింపుగాపాడ

తడయకరుంధతితరలాక్షులంత

నలరెడుమంగళహారతులీయ

వందిబృందంబుకైవారంబుసేయ

సందడిజడియుగాస్వామిహెచ్చరిక

యనుచునునడువగనవనీశసుతులు

ఘనవృషసేనుండుకలుషభంజనుడు

చెలగిసాందీపుండుచిత్రాంగదుండు

బలభద్రుడాదిగాపార్థివోత్తములు

దగనాయుధమ్ములుదాల్చిముదమొప్ప

మొనసియుయువరాజుముందరనడువ

కదిసివర్జ్యన్యుండుకార్తికేయుండు

సులభుండురంభుండుసోమశేఖరుడు

ప్రబలసైన్యముతోడపార్శ్వభాగముల

పదునాల్గువేలునిర్భరవృత్తినడువ

మాధవుండరుదెంచి "మహనంది" చేరి

సాధుజనరక్షణోత్సాహియైమెఱసి

సిరిదేవిశిఖరంబుచెచ్చెరనెక్కి

యరుదెంచెహరియందునతివలెల్లరును.

మహిమాస్పదుండగుమాధవుగొలువ

సహజభక్తిననమస్కారంబుచేసి

విందుగావింపగోవిందుడావేళ

కందర్పవైరినికరుణమన్నించి

వెడలిమార్గంబునవిముఖుగావించి

ఫణిఘోటకముమారువడితటాయించి

కరవాలధారనుఖండించిపైచి

ధరణిగంపింపదుస్తరమార్గములను

సాధించిశక్తులజవమెల్లమానిపి

తత్వభేదులషణ్మతస్థులబిల్చి

కొందఱినుగ్గాడికొందఱినొంచి

కొందఱికొరడాలగొట్టిహుంకించి

కొందఱిదూషించికొందఱిమోది

కొందఱిగుండెలుగుల్లుదీయించి

చిందరవందరచేసిసాధించి

అందఱిదనభక్తులగునట్లుచేసి

నందేలకరుదెంచినడురాత్రియందు

తడయకదైత్యులతాళ్ళప్లుతెంచి

వడివడినామార్గవర్ణసంకరము

చెడిపోవుచున్నట్టిచెనటులబట్టి

వడిగబొట్టలుచీల్చివైరముల్బాపి

సిరులెల్లకోనాలసీమలయందు

పరిపరివిధములభక్తులుగాంచి

కడుదుర్గములతానుగైకొనికదలి

యుడుగకవెడలియహోబిళంబునకు

చనుదెంచినరహరిస్వామినిగాంచి

పనిబూనియాకర్లపాలెంబుకరిగి

మయునిచేపూజలిమ్మడిగాంచిమించి

నయమొప్పనటదినత్రయమున్న వెనుక

కపిలమునీంద్రునాకర్షించియున్న

విపులమున్నెల్లికిపేపేగకదలి

కలహచూతపురంబుగైకొనికదలి

చండిచెర్లకుచేరిసర్వేశ్వరుండు

అందుభక్తులతోడనరసిమన్నించి

ఘనుడించినగరంబుగాంచిసంబాక

యనునగరంబునునరసిభక్తులను

వీక్షించియాకృష్ణవేణిదర్శించి

అక్షీణమౌబలాయతశక్తిమరలి

కలధనంబులనన్ని కడలశోధించి

వెడలంగకుశలవవిభునికైవసము

గావించిభక్తులకిమ్ము ఖర్చునకు

శ్రీలనువెలయగాజేసితత్సుతుడు

నెమలిగూడెమునకున్నపుడేగుదెంచి

రమణిదోడ్కొనివచ్చిరహిపరోక్షునకు

వరములుగావించిపైళంబుగదలి

నరులెన్న భుసురనగరంబుసకును

నరుదెంచిమృగశిరయనుతలోదరిని

ఎందున్న దనవుడుఈశ్వరుడనియె

అందఱుకుసుమాద్రియందున్న వారు

కేశవస్వామిసంకేతంబుతోడ

నందుండిమాధవుండరిగిసలలిత

కపిలునిస్థానంబుగాంచివెలయంగ

నారాత్రినిద్రించియామఱునాడు

పాళెంబువీక్షించివరుసనామీద

గిరిధరుండునుపుష్పగిరిచేరెనంత

శ్రీరమాధీశుడాశ్రితవత్సలుండు

కారణకార్యసంకల్పమూహించి

సకలదిక్పతులునుసన్మునీశ్వరులులు

సకలభక్తజనాళిసందడిగొల్వ

మనుమయత్వష్టాదిమంత్రిపుంగవులు

ననుమతిభావికార్యమువిచారించి

తనతనూభవునిఅద్భుతభుజాబలుని

గనికుశలవులనుగావించుక్రమము

సకలమౌభావలక్షణములుదెలిసి

మంగళస్నానసమగ్రానురాగ

సంగతిదీక్షావిచక్షణంబులకు

సమయమేర్పడబొందుశ్రావణశుద్ధ

ప్రథితషష్ఠినిభృగువాసరంబునను

మంచిదటంచునుమయుడెఱిగించె

పంచమితిథినిదిక్పతులభార్యలును

సుతబంధుహితజనస్తోమంబుతోడ

మతిమంతులైనట్టిమంత్రులతోడ

ప్రకటితభూషణాంబరములతోడ

సకలవైభవములజనుదేరవలయు

రప్పించుమనవుడురాజనందనుడు

నప్పుడునాసుమంతావవినాథు

కనుగొనిసెలవిచ్చికమలోదరుండు

మనముననూహించిమనపరోక్షుండు

ఘనుడతండిటకారావించు

ఘనభుజాబలుడుసంక్రందనుండతుల

తేజంబుచేమహాదేవసన్నిభుడు

రాజసింహుడునృపరాజభూషణుడు

వాలాయముగదైత్యవర్గంబునకును

కాలమృత్యువునైనకాలభైరవుడు

కపిలమహామునికరుణగైకొన్న

విపులమానసుడువివేకభూషణుడు

నీవెఱుగవువానినిజమహత్త్వంబు

దేవదేవుడువిష్ణుదేవుడెఱుంగు

ఏనెఱుంగుదుకొంతవినిపింతినుము

వానిజన్మస్థితివాడుపూర్వమున

మూడుమూర్తులతపంబుననుమెప్పించి

వాడుగైకొనెదివ్యవరములున్ను

కాలకంఠునినైనకమలాక్షునైన

కాళికాభవునైనకమలాక్షునైన

ప్రమథులనైనదిక్పాలురనైన

సమయోచితంబుగసాధింపగలడు

గిరివరదైత్యుందుకృతయంబుగునను

వరయుతంబుగప్రజాపతిఅంశయందు

వీరనందీశుదైవీడుద్భవించె

సంగతితనతల్లిచనిచ్చివీని

పృథివిపైకూర్చుండబెట్టినవెంట

మధుసూదనునితనమదిలోనదలచి

తనరంగసప్పుడుతల్లిదండ్రులకును

కనుమవీడుచునుబంగరుకొండకరిగి

కడుభక్తినాకాశగంగలోమునిగి

తడయకస్నానకృత్యములెల్లదీర్చి

చనుదెంచికాంచనశైలాగ్రమెక్కి

గొనకొన్నవేడతోకొండసెత్తమున

నొకకాలుపాదుగానునిచివేగంటె

అకలంకమౌద్వితీయాంఘ్రియునెత్తి

హరికిరణంబులెఅశనంబుగాగ

బరికించియలఊర్ధ్వబాహుడైనిగిడి

యోజనాయుతరూపమొయ్యనదాల్చి

తేజంబుదశదిశల్తెరగొప్పనిండ

చలనంబుమానినిశ్చలచిత్తుడగుచు

బరగంగరోషాదిపటలివర్జించి

పవనునిబంధించిపంచేంద్రియముల

మదమణిగించినిర్మలబుద్ధిలతకు

మారాకుహత్తించిమఱిరేచకంబు

పూరకకుంభకస్ఫురణగావించి

పదవిజృంభణనుదుర్వారకుండలిని

నడివీథిటెకలించినడినాళరంధ్ర

వివరంబుచెలగించివిడువకనిక్కి

కుడియెడమలనుమార్కొనితటాయించి

ప్రళయకాలాభీలపటుబడబాగ్ని

కలయబట్టినచేటకన్నుసంధించి

సకలప్రపంచంబుసర్వదామిథ్య

అకలంకగతిగూడిహరిగూర్చితపము

గావింపలోకముగడగడవడకె

దేవతల్భీతిల్లిధృతితల్లడిల్లి

హరితోడనెఱిగింపనతడేగుదెంచి

పరికించిశతదివ్యవత్సరంబులకు

నీయుగ్రతపమునసేనుమెచ్చితిని

ధీయుక్తిపేడుముదివ్యవరంబు

అనినకేశవుభవత్కారుడావేళ

జనులెన్నదేవరసన్నిధియందు

నకలకారణప్రయోజనములయందు

సకలంకపతియగునట్లుగానాకు

వరమిమ్ముపేరొక్కవరమొల్లననిన

పరిపూర్ణకృపచేతవరమిచ్చెతొల్లి

అదికారణంబుననవనిపైవీడు

విదితంబుగానిప్పుడుదయించెనంచు

ఉల్లంబురంజిల్లనుత్సవవేళ

తల్లియైనట్టిసీతాదేవినాకు

వినిపించుటయుజేసివీనిజన్మంబు

కనుగొంటినయ్యలఖండవిక్రముడు

నీమదిమర్త్యుగానిర్ణయింపకుము

స్వామికార్యమువీడుసాధింపగలడు

అదియాపరోక్షునిఅవతారమహిమ

దేవతాకార్యంబుదీవించుమిపుడ

తపసులకైనదుస్తరమునీయాత్మ

అనితోడుకొనివచ్చియధిపతియెదుట

నునిచినకుశలపుడుత్సాహమంది

బంగరుపచ్చలపల్లకియొసగి

బంగారుభూషణాంబరములొసంగి

అనఘాత్మచెన్నమాంబాదిగాగలుగు

వనితలతోనీవుపైళంబురమ్మ

పొమ్మనకుశలవభూపాలునకును

సమ్మతితోనమస్కారంబుసలిపి

తల్వైభవంబునదనయింటికేగి

యతివలకవ్విధంబంతయుదెలిపి

సతులతోహితులతోచనుదెంచెనంతంత

కపిలమునీంద్రునిగనియువరాజు

తపసులభక్తసంతతులరావించి

తారకాక్షాదిదుస్తరదైత్యతతుల

వారిబంధువులతోవారిరప్పించి

లోగడవెలిగడలోనుగాజనిన

వేవేగతోడ్తోడవిబుధులబిలిచి

వెలయంగనొకరినివెలితిగాకుండ

కలయంగనాల్గుయుగంబులనుండి

యున్నట్టివారలనొనరవేర్వేర

తరుణులపుత్రమిత్రాదిసంతతుల

పదికోట్లదేవతాభటులనుబలిచి

తడవాలసించినదండింతుననుచు

నడరిపరోక్షుండునలువతోపలికె

ధరవియత్తలరసాతలములకరిగి

నటుపరోక్షునిశీలమంతయుచెప్పి

నీపుత్రపౌత్రులనీబంధుజనుల
నీపత్నులంగూడినీవురమ్మనుచు
పదపదండనిమహాభక్తులుకదల
సకలలోకనివాససంఘుంబులపుడు
అకలంకభక్తితోనధికోత్సవములు
ఎన్నాళ్ళకిచ్చెమాకిహమువరమ్ము
కన్నులపండువుగాజూతుమనుచు
వీరధర్మజునిభూవిభునినందనుని
వీరధర్మజునాగవిభుడుపరోక్ష
వీరులజూచిసందేహింపవలదు
అనవలెననివాడుహరియాజ్ఞవడసి
మాన్యులరావించిమునులరావించంచి
కపిలమునీంద్రునిగనికేలుమొగిచి
తపముఫలించినీతలపట్టులుండె
నాలస్యమింకేలఅటుసేయుడనిన
పోలిచిశిష్యునిబ్బుదికెచ్చి
శతయోజనములవిశాలమైనట్టి

కుదురౌత్రికోణంపుకుండాతరమున
ననలుప్రతిష్ఠించిఅమ్ము నివరులు
కొమరారనయ్యగ్ని కుండమధ్యమున
వలనొప్పనాహుతుల్వహ్ని కర్పింప
చెలరేగిదహనుండుచిటపటార్భటుల
పటుతరబ్రహ్మాండభాండముల్పగుల
పెటపెటమనిగిరుల్బెగ్గిలినిగుడ
భుగభుగమంటలుభూనభోంతరము
అగణితస్ఫూర్తిమైఅందుదనర్ప
దశదిశల్నిండిఉదగ్రతసాగి
వితతమైనెజిమంటవితతిబిట్టెగసి
అటుసూర్యచంద్రపథావళికెగసి
కడువడిసత్యలోకంబునుగడిచి
తుదితుదిమండవీథులుసాగిసాగి
కడువడిదగనాలుకలుకోసికోసి
భయపడనొప్పారెపటుజవోన్నతుల
ఘోటకారూఢుడైగోవిందుడపుడు

గాటంపుఖడుగ్రంబుగాబూని

పరిపూర్ణకృపతోడభక్తజనాళి

జయజయశబ్దముల్సజ్జనుల్పలుక

రూడిగాతనకుమారులకిట్టులనియె

మంగళస్నానముల్మరిచేయవలయు

సంగతుల్దొరసినిశ్చలవృత్తిబూని

కావింపుమనవుడుకరములమొగిచి

శతమఖుడనలుండుశమనుండునిర్మృతి

తడయకయావరణుడుపవనుండు

యక్షాధిపతియునీశానుండువారి

సతులతోహితులతోచటులమంత్రులతో

సేనాధిపతులతోచయ్యనవచ్చి

పదియారుకోటులపదిరెండుపేలు

వదలకరాజుతోవహ్నిలోపడిరి

అనలుండుబ్రహ్మండమందిమండగను

కుశలవపతిగనివహ్నియజడిసి

హరికుమారుండువీడలవిగాడనుచు

గరిమకృశానుండుకడుచల్లనయ్యె

జలధిలోపలనీదుచందంబుతోచె

సలలితకుశలవక్షా్మవల్లభుండు

సకలమంత్రంబులుశౌరిసత్కృపను

అకలంకముగపదియారుఘుడియలను

ఆకుండమధ్యంబునందుండవారు

బాగొప్పవీక్షించిపద్మలోచనుడు

వలనొప్పనీతిదివ్యజ్ఞానదృష్టి

కులశీలదాక్షిణ్యగుణవయోధర్మ

ములునీతిమార్గముల్మాడుమూర్తులకు

నలవిగానట్టిమహామహత్త్వములు

శతసహస్రములులక్షలుకోటివేలు

ప్రతిలేనిఖర్వముల్పద్మసద్మములు

మదనసుందరులైనమానినీమణులు

సదమలపతిభక్తినత్యున్నతులను

పరిపూర్ణసత్కళాభావులజేసి

జలజాక్షుడరుదెంచెసత్కుమారకుని

ఆలింగనముచేసియాసుమంతాది

శీలవంతులకటాక్షించివేవేగేగ

నందఱదోడ్కొనిహరిసంతసమున

సందడింపుచుదనసతులునుదాను

చనుదెంచెరచ్చటిసన్నుతుల్మెచ్చ

శ్రీవీరధర్మజస్వామివిజయము

మహిమభారతిచెప్పమఱిభవిష్యంబు

విన్నవించెదనేనువిశదంబుగాను

చెన్నొందవినరయ్యచెవులపండువుగ

కమలాలయనుగూడికమలనాభుండు

రమణీమణినిగూడిరామధర్మజులు

కదలివచ్చెడుజూడకలికిరూపమున

ముదమందుచుండునుమూడులోకములు

నలువంకరథములునాలుగుకోట్లు

పదునెనిమిదిక్కుభటవీరవరులు

పదములుపాడుచుపద్మినీస్త్రీలు

ముప్పదిముక్కోట్లమూకలతోను

వీరగురుడువచ్చియానందముగను

ముత్యాలఛత్రముల్మ్ముందరగొలువ

సత్వాత్ములదిచూచిసంభ్రమించెదరు

భేరివేయించేరుభీకరంబుగను

ధారుణిలోప్రజల్తల్లడిల్లగను

భానునందికివచ్చుభక్తవత్సలుడు

భానుమండలపతిపాలించుజగము

అటమున్నవీరభోజాదినాయకులు

కృతయుగధర్మపద్ధతినడిపింప

అమలనాగస్థలమందునదివ్య

యోగమార్గంబునయోగీంద్రులెల్ల

నొసగదివ్యాస్త్రంబులొగివానినంది

వసతిగాపదునాల్గువర్షంబులచట

చనినపిమ్మటనాదిశక్తినిపంపు

తామసంబుననుచింతనచేయనరులు

కాలజ్ఞలొనరించుగతికానలేక

మూలంబుతెలియకమూర్ఖులైనరులు

గురుధర్మములులేకకుటిలమానవులు

తిరిగుచుందురుదివేశంబులన్ని

చెడిపోవువారలచేపట్టలేక

గడచిపోవుదురనుకంపయులేక

మారిపంపునకొంతమందిమడియుదురు

పాతికపాలుభూప్రజసత్యజనులు

నియతిజ్ఞులెల్లరునిలిచియుండెదరు

తామసంబెడలించితగదినకరుడు

క్రమముననుదయించుగతివీరభోజు

డమితతేజంబుననానందముననను

ప్రమదతోడుతరాజ్యభారంబుబూని

కృతయుగధర్మాలుకీర్తింపకవులు

శతదశసంఖ్యవర్షాలుపాలించు

******

Rozdział 2

ద్వితీయాశ్వాసము

మీకుఏకాదశేంద్రియవ్యారపారాపివాసమైనదివసంగల్గీని.

విలయకాలానుగుణ్యమైనకార్యాలుగలిగీని. గజిబిజిఅయ్యాని. ఘనసమూహములుకలకబారీని, కంఠగతవాతఘూథుకమైనకాకపుట్టీని. కల్మషంబులుకాయంబుతోనేకరిగీని. గ్రహతులుసుగతులుదప్పితిరిగీని. కాలమానకల్పంబులకువికల్పంబులుపుట్టీని. అధ్యాత్మయోగపురుషునిమహాప్రకాశమయ్యాని. మహామన్నీలుకాలుమడచేరు. ముక్కాండమల్లయ్యకుమొక్కులుచెల్లీని. లంకమలరామేశునిరాకనిజమయ్యాని.

సోమశిలగండికనుమమార్గాననేదుర్గాధిపతిధురితభంజనుడైధూర్జటిపర్యాయనామసంవత్సర, ద్విగుణకాలాంతరత్రయీమాసాన, భూసురభానువారానపంచాక్షరప్రకాశప్రళయనక్షత్ర, దక్షిణకాలానను, పక్షద్వయాన, ప్రవేశమయ్యిని, బంగారుజంగమయ్యలంగాగ్ని ప్రజ్వరిల్లీని. లీలావతారంబులులీనమయ్యాని. అంగాంగాలుహరించీని, ఆర్తజనానందమయ్యాని. అంబుజసంభవునివ్రాతఅంతమయ్యానీని.

అధికతేజఃపరమేష్ఠిప్రకాశపరమనద్రాంతపట్టణప్రవేశమయ్యానిపరమయోగీశ్వరులకాలానకుపదులుమూడుపంచకమొకటిపైమాసాలుపదింటిమీదటమమకుమారమహత్ర్పకా

శమయ్యాని. మలినంబులుమాసీని. మార్గశిరమాసానకుమందిరముచేరీని. మహానందిమార్గమున, మరుగుకొండలుమూడుదాటిపోగా, ఆడగానునేవ్వరుందురో, వారేవచ్చేవీరయోగియనివక్కణించిను. ఇదిమీకుఆనవాలు. ఇదిగాకమీకుమాకుమిమియైనమధ్యసుఖజన్మస్థాలందిరం. అడయాళంఆదిసప్తసందరంసఫలమౌటగురుతు, మరిన్నిసపరివారసమేతముగా, శంకరసన్నిధానంసాక్శని. సర్వసాధరణమైనగురి, సంతతమున్ను, సర్వఋషిసమాగ, సపరివారసమేతముతోనేనున్నునిజభక్తహృదయాంతరాళమందునిలిచి, నిఖిలవేదరహస్యతత్త్వ, మహాతత్త్వ, ఆదికాలానకథాసందర్భమున్నూ, అఖిలయోగిజ్ఞాన, భక్తిజ్ఞాన, గత్యేష్యజ్ఞానులున్ను, గ్రంథరీత్యా, బంధురమైన, బోధకముగా, బోధిస్తూఉన్నాముగానఇనిటికిన్నిహెచ్చైనఆనవాలుగంట, మానసానుననిస్సంశయులై, నిజముగాఉండేది. నిర్ఘాతవాతజాతఘాతుకమయ్యిని. సకలచరాచరంబులకు, సంతానంబులకుసంతాపంబులుపుట్టీని, మహోత్పాతంబులునలువంకలవినబడీని. సర్వజీవంబులుసంక్షోభించీని. సుజనునకుజనోపకారమైనపనిగనుకస్వామిద్రోహులకుసుగతిమార్గంబులుకలిగీని. ఆదిప్రేరితమైనశక్తిభీకరాకారియై, కదాచిత్తుగకనబడీని. దానిఅర్పులచేతభూతంబులకుమనోవికల్పంబులయ్యాని, ఆసమయానమీరున్నుమీసహచరులున్ను, సమానులున్నూ, సద్భక్తులున్ను,

సపరివారజనంబులున్ను సకలజనసంయుక్తసగుణధ్యానఅస్మద్దివ్యనామపఠనపరులై ఆనందానఉండేది.

అష్టమాశ్వాసము

భూలోకాలుమర్త్యలోకాలుమాయధీనంకేదారరామేశ్వరపర్వతంఏకరాజ్యముగఏలుతూఉన్నాము. ఆశ్వయుజదీపావళిఅమావాస్యపున్నమిఅవుతూఉన్నది. కార్తీకశుద్ధలునాటికిరామధర్మజులుఉద్భవమవుతూఉన్నారు. శుద్ధసువర్ణమైనమాసేవచేసుకొనియుండేది. మురహరుండనేముక్కంటిమహిమలుమజ్జగత్తులకున్ను తెలియదు. ఈమనుష్యలోకంఈలాగుననిర్వంశమైపోతూఉన్నది. కార్తికశుద్ధకేపోతూఉన్నది. అందరునిర్మనుషులైపోయ్యేరు. శ్రీమన్నారునిమహిమఅప్పుడుగానితెలియదు. దేశాలమీదచోరజనులెల్లాసెల్లాయపీచువలెనేఅనావృష్టిదోషంతగులవలెను. ఆసనానగండమాలపుండ్లువీపునరాచపుండ్లు, రోమ్ముణగండమాలపుండ్లు, నెత్తినపెడతటిపుండ్లు. ఈఆరువ్యాదిరూపాలచేత, పేరాముదపుగింజచిట్లుగా, ిినటఅమావ్యపున్నమజూచినాశనమోయ్యేరు. ఇదిఆదిగురివచనమహిమ, కార్తికమేనివ్చయమనినామహిమతెలుసుకొనియుండేది. నామీదభక్తిలేనివారుఅవశ్యంనష్టమైపొయ్యేరు.

మాసకార్తికమేకంతుసర్వంమాసాత్మమేమయం

వేదాంతసూక్ష్మగీతానాం - ఉపదేశంమీదతెలియదు

శ్రీమామాయుష్యంభవ

మాసమాశ్విజమేకంతుసర్వమేకమేమయం

అమావాస్యచంద్రమేకంతుఆదివీరకాలమేమయం

అడ్డపున్నమవిశ్రాంతంఆదిత్యమండలంమయం

విష్ణువీరదర్శనంచైవవీరధర్మజకాలమయం.

మాశాల్మికులైనవారికామహిమతిమియదు.

కార్తీకశుద్ధలనాటిఉద్భవమయ్యేము. ముందరపుట్టేకార్యాలు

వేదఘోషణలోకాలకెల్లవినబడీని.

పువ్వులవానగురిసీని.

ఆమీదటఅమావాస్యనాడుచంద్రోదయమయ్యీని.

సూర్యనందినిఉద్భవమయ్యేము.

తూర్పునశిరస్సుగాను,

పడమటతోకశిరస్సుబండికల్లంతవెడల్పుతోకఇరవైబారలపొడవు.

ఈతీరునగలధూమకేతువుపుట్టిముప్పైమూడుదినాలులోకానకెల్లకానబడీని.

ఆమీదటపుణ్యాత్ములైనవారికిసూర్యమండలమందుమనుష్యరూపంబులుకానవచ్చేని.

ఆకాశముఎర్రనయ్యీని, అయ్యయ్యోఅనేధ్వనినబడీనీ.

ఆకాశానభుగుళ్ళుభుగుళ్ళుమనేధ్వనివినబడీని.

కేశవనామాలువినబడీని.

ఆవులుఆకాశంచూచిఅరచీని.

గ్రామంతరాలపట్నాలనెత్తురువర్షంగిసీనుర.

పట్నాలలక్ష్మీదియేప్చీని.

రామధర్మజులుసూర్యమండలమందుఉద్భవమయ్యీని.

సూర్యనందినిప్రకాశమయ్యీని.

వీరయోగివస్తూఉన్నాడనిభూమిపలకీని, వేదాంతంచదివీని.

దేవునిమీదఆకాశముఉండిఅంతరగంగోదకంకురిసీని.

సముద్రాల్పొంగీని, వాద్యాలచప్పుళ్ళువినబడీని.

సూర్యనందినిఅయిదుదినాలుండిభూమిమీదప్రకాశమయ్యీని.

ఆమీదటమూడుబ్రహ్మకల్పాలుపూర్వముధర్మముఎట్లానడుచునోఆతీరునముందరన డిపిస్తూఉన్నారము.

నానావర్ణాదులయందున్నసజ్జనులైనవారున్నారువారినిసమ్రక్షిములనిఅ యంతారుఆనతిచ్చినవాక్యము.

భూతభవిష్యద్వర్తమానకాలాలకున్నునానాదేశాలకున్నువ్రాయించినదిమూడులక్షల

ముప్పైరెండువేలగ్రంధము. ఈగ్రంధమంతావ్రాయకూడదు.

కలుగుమాత్రంవ్రాయించిమీసమీపానకుపంపించినాము.

మీరుఈపత్రికప్రత్యేకముగాచదివించుకునేది.

ఈవివరమువినిదేవబ్రహ్మణవిశ్వాసంగలిగిరామధర్మజులమీదభక్తిగలిగినడిపిస్తిరాయనా ఆచంద్దాయిగానుసుఖానఉన్డసురు. పదోఅవతారంబురామరామాత్మారామంబు. పదకొండోఅవతారంబునేను.

శ్రీశైలమందుమల్లికార్జునస్వామిదేవుండుకన్నుదిప్రజాక్షయంచేసేకొఅకుసంతోషపడెర చూడుండీని.

తూర్పునాటికిభైరవునిపంపు

దక్షిణరాజ్యానకుకాళిపంపు

పశ్చిమరాజ్యానకుఎర్రుపంపు

ఉత్తరాజ్యానకుదుర్గిపంపు

తురకాణ్యదేశానికిదుర్గిపంపు

కందనవోలుసీమకుఎర్రుపంపు

నందిమండలసామ్రాజ్యానకునాగేందునిపంపు

శరణన్నవారినిమాపేరుదలచినవారినిమరవకకాచిరకిస్తూవచ్చీని.

సందుసందుదేశానకుహనుమంతుడుభద్రకాళివీరభద్రుడుమొదలైనవారిపంపులు.

పంపులకట్టడిచేసినాము. ప్రభుభ్యాంశూద్రులునాశనమొయ్యేరు. పద్మాక్షుశాపంచేతవేడిమంటలకాలిచచ్చేరు. మాతమ్ముడుభరతునికిగంటలుకట్టించితిరిగనుకశూద్రకులమెల్లానిర్మూలనంచేస్తిమి. మాశాపానకుదప్పరాదు. బ్రహ్మాస్త్రముతప్పినాగానిమామాటతప్పరాదు. పంచాంగాలుమూలబడును. బ్రహ్మదేవునికిఆకలిదప్పలుఅయ్యేదివసంవచ్చినది. బ్రహ్మదేవునికిసృష్టిపనిలేదు. నాణెముతక్కువనాణెముగాజుచేరు. ఏమిరారాపోరాఅనేమాటలురావయ్యపోవయ్యాఅనేరు. వావివర్తనములుమానేరు. మదమాత్సర్యాలుఎచ్చికామక్రోధలోభమోహులువచ్చీని. తండోపతండాలైనగిచేతవానచేతనుపశువులు, గొర్రెలు, అడవిజంతూవులు, మొదలైనవిప్రాణిక్లుఆకాశంబుజూచిఅరచీని. మేముపోతూఉన్నాము. మాకుప్రాణాలులేవు. బ్రతుకులులేవు' అనిఅరచీని. విషపుగాలిచేతనుమనుషులొదలైనప్రాణిక్లుభూమండలమందునిర్మనుష్యులుమామడిసేరు.

మామంత్రశక్తిచేతమాభక్తులైనవారికిపునరుద్ధారణచేసిబ్రతికించుకొనిసమ్రక్షించుకునేము. కేశవునినమ్మినవారినినిలిపేము. కేశవకులమంతానిర్మూలంచేసేము. మాభక్తులైనబ్రహ్మణులుసుఖానఉండేరు. మాపాంచాననంవారుసుఖానఉండేరు. క్షత్రియులుపేరేకదా, ముత్తరాచువారినిలిపేము. కోమట్లుపేరేకదా,

బేరికోమట్లనునిలిపేము. శూద్రులుపేరేకదా, తెలుగుబలిజవారినిలిపేము. ఏకులమందైనాశతాపరాధుచేసినాగానిమమ్ము నెరనమ్మినవారినికాచాల్షించేము.

శ్లో: యామ్యాయయతిమాశ్రేష్ఠాయామ్యాయస్యచింతన యామ్యాయసురశ్రేష్ఠాయామ్యాయామామహాన్యథా.

సప్తమాశ్వాసము

శ్లో: కావేరిగిరిజాతోయంవైకుంఠరంగమందిరం

బాదామీమేకమేరాజ్యంరమధర్మ జమేమయం

శ్రీరంగమేగౌతమంచైవ, వారణాస్యంతుమేమయం

ఆరామధర్మ జంవందేఆత్మ రక్షణమేమయం

ఆత్మాత్మా కాంతిమేకాంతంఆనందగురుమన్యథా

త్రైలోక్యమేకమేరాజ్యంరామధర్మ జమేమయం

రమ్యమేకోరమాదేవోరామధర్మ జమేమయం

చంద్రమేకసమంవిష్ణుంచంద్రమేకసముద్భవ్భవం

చంద్రసుర్యసమంవందేచంద్రజ్యోతిమయోమయం

అంగీరసేమధుమాసేనవమ్యాంశుక్లపక్షకే

భానువారేచయామ్యార్థంవీరభోజాసముద్భవం

07 kwietnia 2052 roku. Niedziela. Południe.

అనందనందనంమధ్యేశ్రీమత్కైవల్యమందిరం

శ్రీముఖంపిశంగిలంపిలపిలవీరధర్మాత్మకేశవం

Między 2034 a 2073 rokiem. I w 2053 roku.

ఈశ్వరాబ్దేమఘుమాసేదశమ్యాంరోహిణీయథా

ఇందువాసరయుక్తానాంవీరభోజవసుంధరా

03 lutego 2058, niedziela. Królestwo dołączyło.

పార్థివోపార్థివోభూపావ్యయోభూపాక్షయంగతః

W latach 2005-2065 liczba ludności rośnie i spada.

పునఃపంచమవర్షేచవీరభూపాభవిష్యతి

Następne pięć lat: 2065-70.

ఖరేవర్షేధనుర్మాసేతృతీయాంశుక్లపక్షకే

సోమశ్రవణమధ్యాహ్నంవీరభోజోవసుంధరా

2071-72 AD

నందమాశ్వీజమాసేచదశమ్యాంశుక్లపక్షకే

భానువారేచయామ్యార్థంవీరభూపాలకోపతిః

2072-73 AD

నందిముఖాపరమానందంనందితానందమందిరం

నందనానందధర్మజ్ఞాబ్రహ్మమానందకేశవం

2072-94 AD

హతఃపరద్విజాతీనాంవేదశాస్త్రసమన్వయం

యస్యస్మైరణమాత్రేణసత్యంసత్యంనసంశయః

అస్మ్యపిలిఖితాత్రావిరూపాకంయేశ్వరసన్నిధౌ

తుంగభద్రనదీతీరేసత్యంసత్యంనసంశయః

రామబ్రహ్మనిర్గుణాకారంవీరబ్రహ్మర్కతేజసం

నాదబ్రహ్మవతీప్రోక్తంనానాదేశానిలక్షణం

పినాకీనుత్తరీరమ్యేతపస్వాతంతుమహామితం

అవనిలోనసంతుష్టంకరుణాపాంగమీక్షణీ

ప్రాణనాథాయగంగాంబాస్వజటాజూటసంభవం

యస్యోపరిప్రోక్షాదివ్యపురుషమయోః

మామేమేకమేకంమహామేకమేకోమామేకమేసర్వమమేకమేవా

మామేకమేకంమహామేరుమధ్యేమామేకమేసర్వతోమయః

మామేకమేరాజ్యంమామేకంసర్వసంపదా

ధర్మమేకమహాత్మానాంధర్మమేపుత్రసంపదా

ధర్మమేమమామేరురాజ్యంధర్మమేధర్మదేవతా

యామ్యాయవాసుదేవాయయామ్యయామ్యజనార్ధనాః

యామ్యాయయశ్చమద్భక్తాయామ్యాయాశ్చముక్తయే

యామ్యాయాశ్చమత్కులంయామ్యాధ్యానపరాయణా

అష్టమాశ్వాసము

16 grudnia 2018 r.

భూలోకాలుమర్త్యలోకాలుమాయధీనంకేదారరామేశ్వరపర్వతంఏకరాజ్యముగవి లుతూఉన్నాము. ఆశ్వయుజదీపావళిఅమావాస్యపున్నమిఅవుతూఉన్నది. కార్తీకశుద్ధలునాటికిరామధర్మజులుఉద్భవమవుతూఉన్నారు. శుద్ధసువర్ణమైనమాసేవచేసుకొనియుండేది. మురహరుండనేముక్కంటిమహిమలుమజ్జగత్తులకున్ను తెలియదు. ఈమనుష్యలోకంఈలాగుననిర్వంశమైపోతూఉన్నది. కార్తికశుద్ధకేపోతూఉన్నది. అందరునిర్మనుషులైపోయ్యేరు. శ్రీమన్నారునిమహిమఅప్పుడుగానితెలియదు. దేశాలమీదచోరజనులెల్లానెల్లాయపీచువలెనేఅనావృష్టిదోషంతగులవలెను. ఆసనానగండమాలపుండ్లువీపునరాచపుండ్లు, రొమ్మునగండమాలపుండ్లు, నెత్తినపెడతటిపుండ్లు. ఈఆరువ్యాదిరూపాలచేత, పేరాముదపుగింజచిట్లుగా, ినటఅమావ్యపున్నమజూచినాశనమోయ్యేరు. ఇదిఆదిగురివచనమహిమ, కార్తికమేనివ్చయమనినామహిమతెలుసుకొనియుండేది. నామీదభక్తిలేనివారుఅవశ్యంనష్టమైపొయ్యేరు.

మాసకార్తికమేకంతుసర్వంమాసాత్మమేమయం

వేదాంతసూక్ష్మగీతానాం - ఉపదేశంమీదతెలియదు

శ్రీమామాయుష్యంభవ

మాసమాశ్వీజమేకంతుసర్వమేకమేమయం

అమావాస్యచంద్రమేకంతుఆదివీరకాలమేమయం

అడ్డపున్న మవిశ్రాంతంఆదిత్యమండలంమయం

విష్ణువీరదర్శనంచైవవీరధర్మజకాలమయం.

మాశాల్మికులైనవారికామహిమతిమియదు.

కార్తీకశుద్ధలనాటిఉద్భవమయ్యేము. ముందరపుట్టేకార్యాలు

వేదఘోషణలోకాలకెల్లవినబడీని.

పువ్వులవానగురిసీని.

ఆమీదటఅమావాస్యనాడుచంద్రోదయమయ్యీని.

సూర్యనందినిఉద్భవమయ్యేము.

తూర్పునశిరస్సుగాను,

పడమటతోకశిరస్సుటండికల్లంతవెడల్పుతోకఇరవైబారలపొడవు.

ఈతీరునగలధూమకేతువుపుట్టిముప్పైమూడుదినాలులోకానకెల్లకానబడీని.

ఆమీదటపుణ్యాత్ములైనవారికిసూర్యమండలమందుమనుష్యరూపంబులుకానవచ్చేని.

ఆకాశముఎర్రనయ్యీని, అయ్యయ్యోఅనేధ్వనినబడీనీ.

ఆకాశానభుగుళ్ళుభుగుళ్ళుమనేధ్వనివినబడీని.

కేశవనామాలువినబడీని.

ఆవులుఆకాశంచూచిఅరచీని.

గ్రామంతరాలపట్నాలలనెత్తురువర్షంగిసీనుర.

పట్నాలలక్ష్మీదియేవ్చీని.

రామధర్మజులుసూర్యమండలమందుఉద్భవమయ్యీని.

సూర్యనందినిప్రకాశమయ్యీని.

వీరయోగివస్తూఉన్నాడనిభూమిపలకీని, వేదాంతంచదివీని.

దేవునిమీదఆకాశముఉండిఅంతరగంగోదకంకురిసీని.

సముద్రాల్పొంగీని, వాద్యాలచప్పుళ్ళువినబడీని.

సూర్యనందినిఅయిదుదినాలుండిభూమిమీదప్రకాశమయ్యీని.

ఆమీదటమూడుబ్రహ్మకల్పాలుపూర్వముధర్మముఎట్లానడుచునోఆతీరునముందరన డిపిస్తూఉన్నారము.

నానావర్ణాదులయందున్నసజ్జనులైనవారున్నారువారినిసమ్రక్షిముఅనిఅ యంతారుఆనతిచ్చినవాక్యము.

భూతభవిష్యద్వర్తమానకాలాలకున్నునానాదేశాలకున్నువ్రాయించినదిమూడులక్షల

ముప్పైరెండువేలగ్రంధము. ఈగ్రంధమంతావ్రాయకూడదు. కలుగుమాత్రంవ్రాయించిమీసమీపానకుపంపించినాము. మీరుఈపత్రికప్రత్యేకముగాచదివించుకునేది. ఈవివరమువినిదేవబ్రహ్మణవిశ్వాసంగలిగిరామధర్మజులమీదభక్తిగలిగినడిపిస్తిరాయనా ఆచంద్తాయిగానుసుఖానత్రసురు. పదోఅవతారంబురామరామాత్మారామంబు. పదకొండోఅవతారంబునేను. శ్రీశైలమందుమల్లికార్జునస్వామిదేవుండుకన్నుదిప్రజాక్షయంచేసేకొఅకుసంతోషపడెర చూఉండీని.

తూర్పునాటికిబైరవునిపంపు

దక్షిణరాజ్యానకుకాళిపంపు

పశ్చిమరాజ్యానకుఎర్రుపంపు

ఉత్తరాజ్యానకుదుర్గిపంపు

తురకాణ్యదేశానికిదుర్గిపంపు

కందనవోలుసీమకుఎర్రుపంపు

నందిమండలసామ్రాజ్యానకునాగేందున్రిపంపు

శరణన్నవారినిమాపేరుదలచినవారినిమరవకకాచిరకిస్తూవచ్చీని. సందుసందుదేశానకుహనుమంతుడుభద్రకాళివీరభద్రుడుమొదలైనవారిపంపులు.

పంపులకట్టడిచేసినాము. ప్రభుభ్యాంశూద్రులునాశనమొయ్యేరు. పద్మాక్షుశాపంచేతపేడిమంటలకాలిచచ్చేరు. మాతమ్ముడుభరతునికిగంటలుకట్టించితిరిగనుకశూద్రకులమెల్లానిర్మూలనంచేస్తిమి. మాశాపానకుదప్పరాదు. బ్రహ్మాస్త్రముతప్పినాగానిమామాటతప్పరాదు. పంచాంగాలుమూలబడును. బ్రహ్మదేవునికిఆకలిదప్పులుఅయ్యేదివసంవచ్చినది. బ్రహ్మదేవునికిసృష్టిపనిలేదు. నాణెముతక్కువనాణెముగాజుచేరు. ఏమిరారాపోరాఅనేమాటలురావయ్యపోవయ్యాఅనేరు. వావివర్తనములుమానేరు. మదమాత్సర్యాలుఎచ్చికామక్రోధలోభమోహువచ్చీని. తండోపతండాలైనగిచేతవానచేతనుపశువులు, గొర్రెలు, అడవిజంతూవులు, మొదలైనవిప్రాణిక్లుఆకాశంబుజూచిఅరచీని. మేముపోతూఉన్నాము. మాకుప్రాణాలులేవు. బ్రతుకులులేవు' అనిఅరచీని. విషపుగాలిచేతనుమనుషులొదలైనప్రాణిక్లుభూమండలమందునిర్మనుష్యులుమామడిసేరు.

మామంత్రశక్తిచేతమాభక్తులైనవారికిపునరుద్ధారణచేసిబ్రతికించుకొనిసమ్రక్షించుకునేము. కేశవునినమ్మినవారినినిలిపేము. కేశవకులమంతానిర్మూలంచేసేము. మాభక్తులైనబ్రహ్మణులుసుఖానఉండేరు. మాపాంచాననంవారుసుఖానఉండేరు. క్షత్రియులుపేరేకదా, ముత్తరాచువారినిలిపేము. కోమట్లుపేరేకదా,

బేరికోమట్లనునిలిపేము. శూద్రులుపేరేకదా, తెలుగుబలిజవారినిలిపేము.

ఏకులమందైనాశతాపరాధుచేసినాగానిమమ్ముశెరనమ్మినవారినికాచాల్షించేము.

శ్లో: యామ్యాయయతిమాశ్రేష్ఠాయామ్యాయస్యచింతన

యామ్యాయసురశ్రేష్ఠాయామ్యాయామామహాన్యథా.

Rozdział 3

గోవిందవాఖ్యాలు

శ్రీశ్రీశీపొత్తూరివీరబ్రహ్మేంద్రస్వామివారుకాలజ్ఞానాన్నిపద్యాలరూపంగవులాసారు.

అవేగోవిందవాక్యాలుగాపిలవబడుతాయి. అవిమొత్తం 320 పద్యాలు.

గోవిందవాఖ్యాలు

1.మేషరాశిలోశనిప్రవైతేనుమేలొందరికిఅయ్యేనిమా

దోషకారులెల్లధూళయ్యిపొయ్యేరుధూమకేతువుమింటబుట్టీనిమిమా

When Saturn wchodzi w Baran, niewielu korzysta. Kłamcy zginą. Na niebie pojawi się gwiazdka.

2.వసుధలోబహుధాన్యవత్సరమందునఉత్పాతములుబహుగల్గీనిమా

ఎమ్మెకర్మలకుచింతలుపుట్టినిదుర్మదించిననరులుసమసేరుముమా

In roku Bahudanya, Calamities będzie się działo więcej. Hojni grzesznicy będą mieli kłopoty. Głupcy i Egoiści zginą.

3.కల్లలాడేవార్నికిర్రుగానుగలలోమళ్లించిపొర్లించిగూల్చేనేనుమా

తొల్లిచండికదేవిశనివద్దజేరిందికల్లయుగమునవింతగల్గీనిమా?

4.ముడుపువెంకటప్పఉత్సాహమయ్యానిముడుపులుతిరుమలకునడచేనుమా

కడపవద్దనున్నకమలాపురములోనకప్పకోడికూతకూసీనిమా

In Oddanie lorda Venkateswara, ludzie zaczynają składać ofiary w Tirumali. W Kamalapuramie koło Kadapy, Żaba będzie krzyczeć jak kura.

5.జాతిజాతికిచాలవైరముల్గల్గినిజనయోగముతల్లడిల్లినిమా

పెన్నయొద్దనునుండుచెన్నూరుగ్రామమువరదలపాలయిపొయ్యేనిమా

Disputes powstają między sektami. Jedność będzie kłopotliwa. Wioska Chennuru nad brzegiem rzeki Penna, zostanie zalana.

6.ఈశాన్యముననుండివిషపుగివచ్చివాలీతనరులంతచచ్చేరిపరా

కపటకిరాతులఖండించివేయనుకల్క్యవతారుడువచ్చీనిమా

Poisonous Gaz z północnego wschodu zabije odpadków. Aby ukarać złych ludzi i oszustów, Kalki avatar przybędzie.

7.పొగరుబోతులంతభవిష్యమంతయుబూటకమనిపల్కుచుండేరుమా

కాగలకార్యముల్కనురెప్పపాటులోజాగులేకజరిగిపొయ్యేనిమా

Aroganci deklarują te przepowiednie jako fałszywe. Rzeczy, które się wydarzą, wydarzą się w czasie rzęs.

8.భారతభూమినిపరిపాలనముజేయపరదేశవాసులువచ్చేరుమా

ఆరువత్సరములుఏకరీతిగఅంబయొక్కతెఅవనినేలేనియా

Foreign ludzie będą rządzić indyjską ziemią, przez sześć lat "Amba" będzie rządzić wyłącznie tą ziemią.

9.కల్లలాడేవార్ని కిర్రుగానుగలలో మళ్లించిపొర్లించిగూల్చేసేనుమా

తొల్లిచండికదేవిశనివద్దజేరిందికల్లయుగమునవింతగల్గినిమా

*powtarzany

10.విశ్వంబులో విష్వనాథావధుతయగిశ్వబ్రాహ్మణుడొకడుపుట్టువుమా

విశ్వంబులో తానుశశ్వతంబుగనుండెవిశ్వనాథుండననిపల్కెనుమా

Urodzi się Viswa Brahmin o imieniu Viswanatha. On mówi - On jest taki sam jak ten Wieczny Wszechświat.

11.భుతకాలంబునరేపల్లెమూలనుఈతచెట్టుకుపూజజేసేరుమా

ధాతపార్థివమధ్యదేశాదిపతులెల్లపాతకంబగుచేసేరుమా

Near Powtórzyć obszar, ludzie będą się modlić do Palm Tree. Między latami Dhata i Parthiva, kraje będą walczyć z najgorszymi wojnami.

12.ఉల్లిగడ్డకుఉపదేశమిచ్చేటికల్లగురువులుకలినిఉండేరుమా

కల్లగురువులునెల్లకాలదన్ను నుయముడుకల్లలేనినరులకరుణించేనిమా

In kaliyuga, będą istnieć nauczyciele, którzy mogą uczyć nawet cebuli. Fałszywymi nauczycielami zajmie się Yama. Niewinni ludzie będą zaszczyceni.

13.అయిదువేలనాల్గుసంవత్సరములకుఅవనీంద్రుడుఅస్తమంచేనుమా

అయిదువేలముప్పదారింటిమీదనుఅమితముగయుద్ధములుజరిగెనిమిమా

By rok 5004, wielki człowiek odejdzie. Po 5036 roku, wojny będą częste.

14.బాగుగాఅనందవత్సరంబుననునగుమల్లెనశిఈంచెనుమా

నగుమల్లెరీతినరులంతచచ్చేటియోగంబుందింకవచ్చేనుముమా

In roku Ananda, kwiaty 'Nagumalle' wyginą. Jak "Nagumalle", wkrótce nadejdzie wymarcie człowieka.

15.బహుధాన్యవిక్రమవత్సరంబులోనబహుయ్ధములుజరిగేనుమా

రహుకేతులవలెరారాజులిద్దరురనరంగమునకలుదువేరుమా

In lat Bahudanya & Vikrama, wiele wojen się wydarzy. Tak jak Rahu i Ketu, ci dwaj królowie przygotują się do walki.

16.అయిదువెలమీదఅన్ని రాజ్యములలోఅమితకష్టములనుభవించేరుమా

భావయువలమధ్యపరరాష్ట్రములలోనుబహుప్రళ్లయములుగల్గియుండెనుముమా

After 5000, wszystkie kraje będą miały poważne kłopoty. Między latami Bhava i Yuva, regiony środkowe i zewnętrzne będą świadkami katastrof.

17.ఉత్తరదెశమునవైశ్యకులమునందుఉత్తమగంధొకడుపుట్టీనిమా

హత్తుగనన్ని యుదెశములవారంతసత్తుగపూజలుచేసేరుమా

In Północny kraj, wśród społeczności Vaishya. Narodzi się dobry "Gandhi". Ludzie wszystkich krajów będą się nim inspirować.

18.లోకమంతయుఏకంబుగాజేసిఏకుపట్టెడాడువచ్చీనిమ

ప్రాకటంబుగానులోకంబులోతానుమేకైనిలిచిజనులమేలెంచునుమా

To klubują regiony siłami, Jeden przybędzie. On pozostanie jako "Gwóźdź" na ziemi popularnie.

19.కోయరాజ్యంబంతగొడవలపాలౌనుకోయనాయకుడతికోపంబుతో

కువలయపతికిబలుకష్టములుగల్గించిఅవనిలోనదృశుడయ్యీనిమా

'Koya' ziemia wypełnia się sporami. Przywódca Koya z wielkim kłopotem angerwill 'Kuvalayapathi' (słonie) i znika z ziemi.

20.అయిదువేలమీదబహాన్నుధ్యలోపలఅన్నిజాతములొక్కటయ్యీనిమా

అవనిలోగలబీదధనవంతులొకటిగఅయ్యెయోగముకూడవచ్చేనిమా

After 5000 i przed rokiem Bahudanya, wszystkie sekty staną się jednym. Nadejdzie czas, gdy biedni i bogaci staną się równi.

21.పల్నాటిసీమకుబాటసారొకడొచ్చిపల్నటిద్రవ్యముదోచేనుమా

పల్నాటినరులంతపచ్చియాకంతయుమేకలరీతిగమేసేరుముమా

To "Palnadu", przyjedzie podróżnik, by ukraść swój majątek. Ludzie z "Palnadu" będą jeść suche liście jak kozy.

22.అయిదువేలమిదపదురెంటిలోనొక్కఅవనీంద్రుడుదివికేగునుమా

సైదపెటలోనిసాహేబులందరుసమరంబునందునసమసేరుమా

In 5012, jedna Wielka Dusza odejdzie do nieba. Wszyscy Sahebowie z Saidupety zginą na wojnie.

23.అద్దంకిసీమలోబీదయాదవునింటబుద్ధుడంతటివాడుబుట్టేనుమా

ఇద్దరుజనులకనేకభవ్యత్తులుఅయిదేండ్లప్రాయమునదిష్పేనుముమెల

"Addanki" w biednej rodzinie Yadava, urodzi się dziecko podobne do Buddy. Dwóm osobom, przepowiada przyszłość w wieku pięciu lat.

24.దాసులుయోగులుధరలోనదాగేరుమోసదులానోగులుమించేరుమా

మీసములేనోడుదెశానికొచ్చీనిమహిమకొండలకుజెండాలేసీనిమిమా

Virtuous & Święci będą ukrywać się w cieniu. Cheaters & Lavisher będzie obfity. Człowiek z "bez wąsów" wyjedzie do kraju. Flaga będzie latać na wielkich górach.

25.మానవసీమకుమారెమ్మవచ్చీనిమనుజులతర్వతమ్రింగీనిమా

కోనసీమలోనకలతలుపుట్టినిసుఖసన్నిరోధాలసమసేరుమా

Do krainy 'Manava' przybywa 'Maremma', by połknąć ludzi. Spory pojawią się w "Konaseema". Pokój i stosunki zmniejszą się.

26.కర్నాటభూముకాళిపంపు,   తురకవానిసీమకుదుర్గివచ్చీనుమా

మొరసరాజ్యానికిభద్రకాళిపంపుధరభద్రదేశానికొచ్చీనిమా

Kali wojna przychodzi na ziemie Karnataki. Durgi przyjdzie na muzułmańską ziemię. Wojna Bhadrakali z królestwem Morasa i 'Dharabhadra' przyjdzie do kraju.

27.అక్కిదేశానికిఅర్కసోములపంపుఅష్టదిక్కులకువచ్చీనిమా

పెక్కులుపల్కేటిపామరజనులనుఅక్కచ్చిపంపొచ్చిఅణచీనిమా

'Arka-Soma' wojna przyjdzie do kraju 'Akki' i również do 8 kierunków. Nędzna wojna przyjdzie na marnotrawstwo i bezużytecznych ludzi.

28.వీరభద్రునిపువచ్చీనిమాలకుభైరవునంపిపూవచ్చీనిమా

ఉరగేంద్రునిపుమహానందికొచ్చీనికర్నూలుకునందంపిపొచ్చీనిమా

Wojna Veerabhadry nadejdzie do Mala. Wojna Bhairavy też. Wojna Uragendry przyjdzie do Mahanandiego. Wojna Nandi z Kurnoolem.

29.ఆనందాబ్దములఅంత్యమునందునఅంతకునిదూతలువచ్చేరుమా

పీనుగుపెంటలుపృథివిమీదయ్యానిభేదివాంతులయ్యిచచ్చేరుమా

By Pod koniec roku Ananda, żołnierze Lorda Yamy przybędą. Kupa trupów wypełni ziemię. Ludzie umrą od wymiotów i biegunki.

30.దనుజనామసంవత్సరమందునవాంతిభేదులచేతవాలేరుమా

హూణముఖులవంశమునకొంతపొయ్యానికానిజాగనిభూమిగొలిచేరుమా

W roku Dhanuja, ludzie umierają na wymioty i biegunkę. Niektóre ziemie po przegranej z Hunami zostaną zmierzone.

31.ప్రభవపార్థివమధ్యపరదేశములన్ని బలుప్రళయములుచేతనిండీనిమా

ప్రభువీరవసంతరాయలోచ్చెడిలోగప్రళయములన్నియుపండీనిమా

Between lat Prabhava & Parthiva, Kraje staną w obliczu katastrof. Przed przybyciem Vira Vasantaraya dojrzeje wiele katastrof.

32.తల్లులుబిడ్డలతగువులునడచీనితల్లడంచేదినములోచీనిమా

కల్లగాదీమాటఉల్లముసాక్షిగాగద్దనొడిసికాకితన్నీనిమిమా

Mothers & Dzieci będą się rozpadać w kłopotach. Zauważ to, ponieważ jest to obietnica: Kruk przestraszy Orła.

33.బ్రాహ్మలకుపీటలుమాతలలకుమంచాలుమహినివేసేదినములోచ్చీనిమా

మధురతంజావూరుమరిహరణమయ్యానిమహానందిశిఖరమువిరిగీనిమా

Caste pozycje pójdą w górę i w dół. Madhura i Tanjavur zostaną zburzone. Mahanandi Hill się złamie.

34.హంపీవిరూపాక్షిరెండ్సనడుమనుఅగ్ని వర్షములుకురిసీనిమా

పెంపుతునాల్గుగ్రామములుండీనిభూమివణోపదిలదరీనిక_

Hampi & Virupaksha, Fire will rain. 14 miejsc będzie z wojną i zniszczeniem. Ziemia będzie drżeć.

35.నాల్గువేలయెనమన్నూటముప్పదియేండ్లుకలియుగాబ్దములుజరిగీనిమా

కలియందుశ్వేతముఖులుదొరలయ్యేరుమెలకువతోరాజ్యమేలెరుముమా

4832 kaliyuga lata się skończą. W Kaliyudze, Biali Ludzie staną się władcami i zasadami z mądrością.

36.శ్వేతముఖులుధూమశకటముల్గల్పించిభూతలమునఇనుపకమ్ములపై

సూత్రమెరిగిపశ్చిమోత్తరదిశలందుఆత్రముగానడిపించేరుమా

White ludzie jeżdżą po szynach na prętach żelaznych w sposób liniowy. I w pośpiechu skieruje się na zachodnią stronę w stylu łańcuchowym.

37.హరిలోహతామ్రదారుశకటములపైనఅన్ని జాతులొకటైఅందులోను

స్వకులాచారముల్విఒకర్దపైనఒకరుపిడూళ్ళకురికేరుమా

In ten żelazny metalowy wagon, wszystkie sekty staną się jednym. Zapominając o własnych tradycjach, podróżuje po miejscach wspinających się na siebie.

38.తూర్పుపశ్చిమములుదుంజాలచేతనుధూమశకటంబులుతిరిగీనిమా

తూర్పుసీమంతానుశ్రీరంగేశ్వరులసేవించాననువారువచ్చేరుమా

East & West, Smoke-Wagony będą wszędzie. Na wschodzie pojawią się ludzie czczący "Sri Rangeswara".

39.అయిదువేలముప్పదెనిమిదింటిలోరాజుఅవనివదిలిదివికేగునుమా

ఆయురారోగ్యఅయిశ్వర్యములుక్షీణయోగముజనులకొచ్చీనిమా

In 5038, Król pozostawia ziemię do nieba. Health & Wealth decaying scenario will come to humanity.

40.మబ్బుమాయల్బడిదబ్బరలాడేరుమబ్బునడతలుబహునడచేరుమా

గొబ్బునవారెల్లనాశనమయ్యేరుగునవంతులీభువిలోనిలిచేరుమా

Fools popełni więcej głupich błędów. Paskudna wola zginie. Dobrzy ludzie pozostają na ziemi.

41.ఏనూరుకొట్లభూమండలములోనుపొట్టుపోయిగట్టినిలిచీనిమా

ఏడూళ్ళకొక్కూరుఏకాంతమయ్యేనిఏకాంగులూఅరుదయ్యేరుమా

Of 700 crores people earth, Husk assishes & Grains remain. Została tylko 1 z 7 wiosek. Samotni ludzie nie mogą być widziani.

42.ముండమోపులెల్లముత్తైదులయ్యేరుముందొచ్చెగతికిముతిసీసెలా

బండాటలాడేటిపాపిష్టినరులంతపండాకీతిగారాలేరుముమా

Widows ponownie się pobierze. Sytuacje nadejdą wkrótce. Kłamcy i grzesznicy padną jak wyschnięte liście.

43.కుంభకోణమందుగోవధజేసేరుకొల్లురముకొల్లబుచ్చేరుమా

కంభముచెరువులోకలపొన్నపూసీనికందూరచెరలుబెట్టేరుకా

Cows zostanie zabity w Kumbakonam. Kollapuram zyska sławę. Kwiaty "Kalaponna" w suszonym jeziorze "Kambam". Więzienia są budowane w "Kandukur".

44.శంకరాచార్యశ్రీవ్యాసులవాక్యాలుశాశ్వతంబుగనడువబోయ్యీనిమా

శంకరునిసన్నిధినివిద్యారణ్యులవారిశాసనముసత్యముఅయ్యేనిమా

Words Shankaracharya i Sri Vyasa wkrótce się wydarzy. Pisma Vidyaranya w obecności Pana Sziwy pojawią się naprawdę.

45.ఆదవేణిలోనుకప్పకోడికూతఅందరినగనుఅరచీనిమా

మేదినిమీదనుతాడిపర్తిలోనుమేకమనిషిరూపమయ్యీనిమా

At Adaveni, Żaba krzycząca jak Hen będzie słyszana przez wszystkich. W Tadipatri, koza przybiera ludzką postać.

46.మైసూరునందుండిమారెమ్మవచ్చీనిమాయవాదులబహుమ్రింగీనిమా

దాసవర్యులకుతాపత్రయములేకగాసిలేకగురునిగొల్చేరుమా

From Mysore przychodzi Maremma połykać nielogicznych ludzi. Uczeń, który nie zna duchowości i ciężkiej pracy, służy nauczycielom.

47.వావివరుసలేకపొయ్యేరుజగములోవసుధలోపంటలండీనిమా

శ్రీయుతునిమతముసమకూడివచ్చీనిసత్యవాదులుకొందరుండేరుమా

People zapomina o związkach. Uprawy zawiodą. Religia Sri Yutha łączy się w jedną całość. Niewielu mądrych będzie jeszcze istnieć.

48.కందుకూరులోనిస్త్రీపురుషుడయ్యీనికలకోడితర్వాతగూసీనిమా

సందేహమేలేదుసామగానముచెవులసకలమైనవారువినేరుమా

In Kandukur, Kobieta staje się mężczyzną. Stone Hen będzie kogutem później. Bez wątpienia - Samaganam zostanie wysłuchany przez cnotliwych.

49.రుద్రసీమనుండురోధానమనుజులురీనులైపొయ్యేరుమా

రుద్రుడుకరుణాసముద్రుడుశ్రీవీరభద్రుడుభక్తులబ్రోచేనుమా

In pole bitwy, ludzie nieba idą bezkształtni. Żarliwy i Dobroczynny - Sri Veerabhadra pomoże wiernym.

50.భువిలోనమానవులుదుష్కర్ములైరనిదివిజేంద్రుడుబ్రహ్మమునులనుమా

శ్రీపైకంటముకేగిశ్రీనివాసులగనిఆవిష్ణుమూర్తినిపు◌ేరుమా

Lord Indra wraz z Bożymi mędrcami dociera do 'Sri Vaikuntam' I modli się do Lorda Sreenivasy o grzechy ludzi.

51.స్వామికలియుగమందునీచులుప్రభులయిసాధులబాధలొనర్చేరుమా

ఏమందుమన్యాయకార్పణ్యములచేతకర్కోటకులైఉన్నారుమా

In Kaliyuga, Grzesznicy stali się władcami i niepokojącymi niewinnymi ludźmi. Co powiedzieć o ludziach ziemi, ich sercu wypełnionym ciemnością.

52.మాలమాదిగలుభూపాలురగుటచేనీలవర్ణనీతులునీతులయ్యె

మేలుకీడైతారతమ్యములేకనుమత్తులైచరించుచుండేరుమా

Normal ludzie stali się władcami. Złe prawa stały się regułami. Zły stał się dobry. Ludzie żyją w zawrotnym tempie i szaleństwie.

53.మ్లేచ్ఛనీచులనునిర్వంశముచేయనుపుట్టించవలెపుణ్యపురుషునొకని

పుట్టించకున్ననుభూలోకమునందుమట్టుమీరిగోలఅయ్యేనుమా

To wyeliminować grzesznych ludzi, musimy wysłać Wielkiego Człowieka. Jeśli nie, Ziemia stanie się zamieszaniem i chaosem.

54.ఆవాక్యములుఆదిభూతుడాలకించిదివిజేంద్రుచూచుజియిట్లననియె

ఓయివిరించివీరవసంతుడనైపుత్తికావరాత్ములనెల్లఖండింతును

After słysząc te słowa, Lord Wisznu mówi do Indry. Urodzę się jako Vira Vasanta, by wyeliminować arogantów i egoistów.

55.మీరుమీనిజస్థానంబులజేరంగకొరతలేదికచనుండనగవారు

బిరబిరజనిస్వస్థానంబులజేరంగహరిహరబ్రహ్మలుజనిరిత్రిమూర్తులులు

All bogowie urodzili się z Lordem Wisznu w swoich pierwotnych miejscach. Bogowie Trójcy Świętej - Brahma, Wisznu i Sziwa również się urodzili.

56.జనియించువిధములుచెప్పశక్యముగాదుగనుకగురుకృపవల్లతెలిసీనిమా

పనుపడిపల్కెదపరమాత్మలీలలుపంచసహస్రాణిపైతెలిసీనిమిమా

The sposoby narodzin nie mogą być poznane i mogą być znane tylko przez Guru. Drogi Boże mogą być znane dopiero po 5000 latach.

57.యామానకొకచుక్కచొప్పుననునాల్గుయామాలచుక్కలుపుట్టినిమా

ఇమ్మహిలోనుండుపుణ్యులనురక్షింపశీమాన్వీరయోగ్రుట్టినిమా

Per gwiazda za 1 Yamana(3 godz.), gwiazdy będą się rodzić za 4 Yamanów. I aby ocalić dobrych ludzi na tej ziemi, Bóg się narodzi.

58.కేదారేశ్వరునికీర్తివిద్యుతమైనకిరనముమీదటఅయ్యానిమా

నాదోయమిశ్రీనారాయణస్వామాడెఅవతరించివచ్చేనిమంతర

*Jeszcze nie

59.విదర్భదేశాధిపతెంకటాద్రిశ్రీవీరయోగివెంటవచ్చినిమా

భూదేవిపల్కినిభూరాజుపట్టుకుభూములంతానొంతమయ్యానిమా

the Władca królestwa Widharby, przyjdzie z Bogiem. Matka Ziemia mówi: Cesarz zjednoczy z Nim wszystkie ziemie.

60.విశ్వావసులోనఉద్భవమయ్యానికాశకులములోనబుట్టీనిమా

పశుసంవత్సరంప్రాకృతమయ్యానిపశ్చిమదిశలందుప్రబలీనిమిమా

In roku Vishwavasu, przybywa, by urodzić się w społeczności "Kaszy". W roku Pasu, staje się naturalny i błyszczy na zachodnich stronach.

61.మామమామయనిపిల్చునుఅల్లుడుమారేడుబుర్రలోఉండీనిమా

మామపేరుమార్గశిరశుద్ధచతుర్దశిమంగళవారమనిపాడేరుమా

62.వాసుదేవుడుపుట్టివర్ధిల్లిచుండియువసుధభారముమాంపవచ్చీనిమా

కాశ్మీరస్థలములహరిజనించికదలకఆర్నెల్లునిలిచీనిమా

From Narodziny, On świeci i przychodzi, aby zmniejszyć ciężar ziemi. Urodzony w rejonie Kaszmiru i przebywa tam przez sześć miesięcy.

63.లోగానుమాగనిలోకాలోకములెల్లకాలజ్ఞానముచూడతెలిసీనిమా

వాక్కునదైవములేదన్నవరెల్లఆకురాలినట్లురాలేరుముమా

In & Out, Wszystko na tej ziemi może być znane z tych przepowiedni. Głupcy, którzy mówią o Nie-Bożego z językiem, będą padać jak suche liście.

64.ప్రత్యక్షమైనమీదటకొన్నివత్సరాల్సత్యంబుగాప్రకాశించేరుమా

కూతకుయ్యనినోరకూసేరుజనులెల్లకుంపటిబ్లయ్యానిమా

65.ఆత్మారాములెల్లవచ్చికంకణమునుఅమరులందఱువచ్చికట్టేరుమా

ఆతర్వతనుభక్తులందఱుకానుకల్అలవిగానిముడుపుల్చేరుమా'

Atma Ramulu' przybywa z ludźmi, by zawiązać nici na nadgarstkach. Wielbiciele będą oferować prezenty po tym.

66.ధనువుమీదగురుడుప్రవేశమయితేనుధనుచేతనుహరుడుబుట్టీనిమా

మనసిజహరణుడుపుపతాస్త్రముమనవీరయోగికిఇచ్చేనుమా

When Jowisz wchodzi do Strzelec, Pan przybywa z Bowem. Pan Sziwa daje "Pasupatros" naszemu Veera Yogi.

67.ఎనిమిదిముద్దలుతొమ్మిదికాకలుఉనికితోదిరుగుసుదర్శనంబు

కత్తిబట్టేవాడువీరవసంతుడుకర్ములచెండాడవచ్చీనిమా

Nosiciel miecza "Sudarshana" -Sri Veera Vasanta przybędzie, aby wyeliminować karmicznych ludzi.

68.కుంభమందుగురుడుప్రవేశమయితేనుకుంభినికురుగనుండీనుదా

శంభునసుమతిచేతశంఖచక్రధరుడుశాంభవీపట్టణమేలేనిమా

When Jowisz wchodzi do Aquariusa, Aquarius pozostanie nieruchomy. Za pozwoleniem lorda Sziwy, włada miastem Shambavi.

69.బిరుదైనపెనుగొండమీదనుముందరభేరీధ్వనినవచ్చీనిమా

కరములుపదహారుగల్గినకామినిగండికోటమీదతిరిగినిమా

On & W - forcie Penugonda, usłyszymy wielkie dźwięki. 'Kamini' z 16 rękami, będzie wędrować po fortach Gandikota.

70.పాంచననకులములోప్రఖ్యాతమయ్యానిపార్వతీనేత్రముతోడుతను

పాశుపతాస్త్రముచేతబట్టుకొనిపర్వతమీరుజేరెరుమా

Becomes znany wśród kasty Panchanana. Okiem Parvathiand z Pasupatastrą dotrze do Mt. Meru.

71.ఉత్తరదేశమునసత్తుగప్రజలంతాకత్తులతోవేటలాడేరుమా

ఉత్తమాటలుగావునదీనదములుపొంగిఊళ్ళన్నికొట్టుకపొయ్యునిమిమా

In Północny kraj, ludzie będą na siebie polować z nożami. Rzeki zaleją - zatopią wiele wiosek.

72.భాగవతములోనశుకయోగిపలికావినభాలమిక్రృష్టమయ్యానుదా

మాఘబహులయందుమావారువచ్చేరుమహిమీదసంభ్రమములయ్యునిమా

Situatons przyjść tamto mówić Sage Shuka w Bhagavatham. W lutym, moi ludzie przybędą. Wojny będą miały miejsce na ziemi.

73.కన్యలోనశనిప్రవేశమైతేనుకమలనాభుడుపయనమయ్యానిమా

సన్నజాజులవనసాయంసమయమందుశతమన్యుడుకురించేనుమిప

Saturn wchodzi do Panny, Lord Wisznu zaczyna podróż. Na wieczór, Władyka Indra będzie padać kwiaty.

74.వినుకొండదుర్గమ్మ వీడుపెడలివచ్చి వీధులవెంబడితిరిగీనిమా

కనకగిరివద్దకలహంబులయ్యీనికాంభోజదేవియుబుట్టీనిమా

Vinukonda Durgamma opuści fort i będzie włóczyć się po ulicach. Starcia będą miały miejsce w Kanakagiri. Bogini Camboja się urodzi.

75.హేమాద్రిరజతాదితర్కవాదమువల్లరామధర్మజ్రువచ్చేరుమా

హేమాద్రిహేమీలుకొలిచేరుముందరహేమపీఠముమీదజేరెరుమా

With przybywa debata b/w Vaishnavaites & Shaivaites, Rama Dharmaja. Oddanie Vaishnavaites będzie testowane poprzez dotarcie do miejsca Vaishnava.

76.ప్రేమతో వీరవసంతునివెంబడిపెద్దలెల్లతరలివచ్చేరుమా

సోమసిద్ధాంతముసొంపుగానడచీనిశుభాశుభంబులుఅయ్యీనిమా

Many Starsi podążą za Veerą Vasantą z miłością. "Soma Siddhantam" będzie działać. Pojawią się dobre i złe omeny.

77.కుండలిశయనుడుఘోటకముసెక్కి శ్రీకూర్మగిరికేగవచ్చీనిమా

కొండయ్యదాసునిశ్రీఘ్రముగబంపెండ్లికొడుకునుబిలిప్పిబేరుమాThe◌ా

The Najbardziej dobroczynny na swoim koniu dotrze na Sri Kurmagiri Hill. Narzeczony jest wzywany przez powiernika - Kondaiasza, pospiesznie

78.కూర్మగిరివద్దగుడార్లవేయించివునిపెండ్లచటజేసేరుమా

కూర్మగిరికివేగగంధర్వులువచ్చినిర్మలగానముజేసెరుముమా

Tents zostanie rozstawiony na Kurmagiri i małżeństwo Pana zostanie zawarte. Do Kurmagiri, Gandharvas przyjedzie śpiewać i tańczyć.

79.కేశవునిపెండ్లికీర్తిగజేసెరుముత్యాలతలబ్రాలవోసెరుమా

కేశవునివశముజేసిదేశాన్ని దేశాలవారికివ్రాసేరుమా

Małżeństwo Kesavy będzie wspaniałe. Do Kesava, królestwa będą pisane.

80.ఈశ్వరవత్సరముమాఘుశుద్దదశమిరోహిణిఇందువారంబున

సర్వేశ్వరునివశముదేశాలుచేసేరుదేశాలవారికివ్రాసేరుమా

On Iswara Maghamasa Suddha Dasami, niedziela z Czerwonym Aldebaranem - Do Pana, Królestwa są tworzone i pisane do niego.

81.కాలమువచ్చినదనుకఈమాటలుకల్లయనిజనులుకూసేరుమా

కాలముమొదలుఆషాఢానికొచ్చినికల్లలనిజములయ్యానెలా

When czas jest bliski, Ludzie mówią to jako głupotę. Kiedy nadchodzi czas do lipca, głupota staje się prawdą.

82.మకరకుంభములమాసాలలోపలప్రకటనప్రకాశమయ్యానిమా

ప్రకటనజేసియుపలుమారుదెలిపినప్రజలుప్రారబ్ధముతెలియరుముమా

During miesięcy stycznia i lutego, Proklamacje są dokonywane. Nawet po proklamacjach, ludzie nie potrafią rozpoznać losu.

83.ఉత్తరాదిజనులుదక్షిణాభిముకులైఉత్తరాయణమందువచ్చేరుమా

కత్తికత్తిపరచిఘనయుద్ధమయ్యీ్యానికలిభూదేవువణకీనిమా

Northerners od strony południowej przybędzie do Uttarayanam. Wojny będą się toczyły od miecza do miecza. Ziemia będzie drżeć.

84.ఉదయగిరితుదనుమఱ్రిచెట్టుక్రిందసుదతేడునిలువులబుట్టీనిమా

సాధుజనులగాచూడగాబొయ్యీ్యానిభేదజనులబటిజిమ్రిటీనిమిమా

From pod drzewem Banyan na zjeździe Udayagiri, pojawi się powódź. Pozostawi niewinnych i pogrąży grzeszników.

85.హంపీవిరూపాక్షిరెండ్కనడుమనుఅగ్ని వర్షములుకురిసీనిమా

పెంపుతునాల్గుగ్రామాలండీనిభూమివణోపదిగ్రామాలదరీనికిమ

Hampi & Virupaksha, Ogień będzie padał jak deszcz. Z wojną i zniszczeniem, 14 miejsc będzie drżeć i drżeć.

86.హంపీవిరూపాక్షిరెండ్కనడుమనుఅరచిబసవనరంకెవేసీనిమా

విరూపాక్షివద్దవీరంగవాద్యముమారెమ్మగుళ్ళోనుమ్రోగీనిమా

Between Hampi & Virupaksha, 'Basavanna' będzie krzyczeć i chrząkać. Wokół świątyni Maremma w Virupakshamie usłyszymy wojenne krzyki.

87.శత్రుసంహారులవెంటబెట్టుకొనిశేషాద్రివాసుడువచ్చీనిమా

గురుదైవములురెండునెఱుగనివారినిగ్రుచ్చియీటెమొనులవ్రచ్చేరుమా

Lord Wisznu przybywa wraz z zabójcami wroga. Ludzie bez Guru i Boga będą przebijani włóczniami.

88.మూడుకోట్లముత్తైదులశాపముముందరపరిహారమయ్యీనిమా

మూడుకోట్లముత్తైదులుపురుషులుముందునివెంటవచ్చేరుకా

Curse z 30 milionów kobiet spełni się później. 30 milionów mężczyzn i kobiet pójdzie za Panem.

89.రేవతికన్యకవెంటమూడుకోట్లదేవకన్యలువేగవచ్చేరుమా

రావించిభక్తులరామధర్మజస్వామిరక్షించిఅభయములిచ్చీనిమా

Along z Revathi pójdzie za 30 milionami aniołów. Rama Dharmaja zajmie się swoimi wielbicielami.

90.హంపీలోనుండేటిహనుమంతరాయుడుఅరచివీధులకేకవేసీనిమా

ఆకేకతగ్గట్టెమహానందిమూలంతాఆకురాలినట్లురాలేరుముమా

Hanumantha Rayudu będzie krzyczeć i krzyczeć na ulicach Hampi. Na równi z krzykiem, padają jak suche liście w rogu Mahanandiego.

91.ఓరుగంటిలోనుప్రతాపరుద్రుడువీరుడైబహుకేకవేసీనిమా

ఆరడితగినట్టెఆపార్శ్వనరులెల్లఆకురాలీతిరాలేరుమా

On zwycięstwo, Prataparudra w Warangalu robi wielki ryk. Na tę żywość, żołnierze z bronią spadną jak wyschnięte liście.

92.ఆకశవీధినిరాకాసిపంపుకేకలువేయుచుదుమికేరుమా

చీకాకుపడినరుల్బచ్చేరుశమనునిదులజడమతువచ్చేరుమూతల

Niebo przybędzie anihilatorów wydających wspaniałe dźwięki. Ludzie umierają z irytacji. Żołnierze Pana Śmierci przybędą.

93.శ్రీరంగపట్నమువారికితిప్పలువచ్చీనిశ్రీఘ్రముగాబ్రహ్మలోచ్చేరుమా

వీరవసంతునిప్రకాశపువింతలువెంకటాద్రివారితోబల్కేరుమా

Troubles zacznie się dla Sri Rangapatnam. Szybko przybędzie Brahma. Wyjaśnia Venakatadri o cudach Veera Vasanta.

94.పప్పూరివారికితిప్పలువచ్చీనినిప్పులవర్షముకురిసీనిమా

తప్పుచెసినవారితలద్రుంచివేసేరుధర్మాత్ములనురక్షించేరుమా

Troubles zacznie się dla Pappura. Na ogień będzie padać. Grzesznicy zostaną ścięci. Niewiniątka zostaną uratowane.

95.శ్రీరామధర్మజులుసృష్టిభారముదాల్పంగారమూర్తులైవచ్చేర్పశా

ఘోరదురితములణగికుంభినిమీదనుపుష్పవర్షములుగురిసీనిమా

To ustanawiają sprawiedliwość, Sri Rama Dharmaja przybędzie w pięknej formie. Najgorsze grzechy zostaną oczyszczone, a kwiaty będą padać w Wodniku.

96.అరడాలుజెల్లులుపులితోలుగోడుగులుధరియించిముందరనడచేరుమా

మొరయుచువీరవసంతుడైవచ్చీనిమొత్తించికర్ములమొరపెట్టగా

97.అల్లుడుపేరయితేఆదికేశవుడుఅవనిగర్భమునందుండీనిమా

కల్లయుగముపశుసంవత్సరమందుఘనుడుబయలుదెరివచ్చీనిమా

He będzie w łonie ziemi: Nazywa się Adi Kesava, zięć. W Kali Year Pasu, zaczyna swoją podróż.

98.నాలుగుపేలతొమ్మన్నూటడేబ్బైత్తొమ్మిదివత్సరములందుతెలిసీనిమా

వెలుగుచుభర్గునివత్సరమందునవీరయోగిచంద్రుడిచ్చీనిమా

W 4978 roku Kali, to jest znane. W roku Bharguni, Pan przybędzie.

99.కల్లయుగముఅయిదేవేలేండ్లలోపలకలికిరూపుడుతరలివచ్చీనిమా

ఎల్లలోకమేలుచుచతుర్యుగసద్ధర్మములుమహినిలులేరుమా

Before 5000 lat Kaliyuga: Kalki Awatar przybędzie. Ustanawia sprawiedliwość rządzącą wszystkimi sferami.

100.తోకచుక్కలుపుట్టిదానివృత్తాంతముతూర్పుతలపశ్చిమదిక్కందున

తోకాయె ;

శిరస్సుబండికల్లంతటిచుక్కవెడల్పుతోనుండీనిమా

Comets przybywa: Wschodnia kometa z głową i zachodnim ogonem będzie widziana jak gwiazda.

101.ఇరవైబార్లపొడవుతోకఈరీతినినరులకనులకానుపించీనిమా

విరివిగాముప్పైమూడురోజులుండీనిఎరుగనిచోద్యాలుఎరిగేరుమా

A Ogon o długości 40 jardów będzie widoczny dla oczu ludzi. Będzie widoczny przez 33 dni i będzie świadkiem cudów.

102.గగనమందునన్గుచాల్కులుఎదురుగప్రకాశతారలుబుట్టినీమా

ప్రకాశచుక్కలుచూచినప్రజలుదిగులుపడిఅదిరిపడిచచ్చేరుమా

Facing 4 gwiazdki, Błyszczące gwiazdy się narodzą. Ludzie będą umierać z żalem i strachem, patrząc na nich.

103.శ్రీశైలనాధుడుసాక్షాత్కారముగానుదాసజనులతోమాటలాడీనిమిమా

శ్రీశుడువీరవసంతుడొచ్చునని‌ఆసితికంఠుడుపల్కీనీమా

The Lord of Srisailam, naprawdę będzie mówił do normalnych ludzi. Mówi po przybyciu Veery Vasanta Raya.

104.మకరమొకటిశ్రీశైలానికొచ్చీనిమకరమెన్మిదినములుండీనిమా

తెగువతోభ్రమరాడిలోమేకపోతీరుగూసుతాయమయ్యానిమిమా

A Krokodyl przybywa do Srisailam i przebywa tam przez 8 dni. Krzyki w świątyni Bogini Brahmaramba, znikną jako buck.

105.శ్రీనగమల్లికార్జునునివీపునందుపొగలునుమంటలుఎగిరీనిమా

ధ్వనిపుట్టిగురుమూర్తివింతలుఏడూళ్ళకునువచ్చినాట్యములాడీనిమా

Fire & Smoke wybuchnie na tyłach świątyni Srinagar Siva. Idioci bogów przyjdą z dźwiękami i tańcami w siedmiu wioskach.

106.మల్లికార్జునుగుడిశిఖరిప్పులుజల్లుజల్లునఅగ్నిరాలీనిమా

కల్లగాదుశక్తిబెబ్బులివలెరేచిఉల్లముఉప్పొంగిఅరచీనిమా

On wzgórza świątyni Mallikarjuna, Ogień będzie padał jak deszcz. Nie ma wątpliwości, że boska moc ze złamanym sercem będzie ryczeć jak tygrys.

107.గరుడధ్వజముమీదఒకప్రతిమగూర్చుండిపరిపరిభాషలుపలికీనిమా

గిరిజగుడిముందరనందీశ్వరుడొకబిరబిరవిదలించుతిరీనిఎగిమా

A postać będzie mówić w językach siedzących na Garuda Dwajam... Nandi przesunie swój ogon i skoczy przed świątynią Girija Devi.

108.నానాతోయములవాక్యములన్నియునగరముమీదమరినిలిచేరుమా

మృడేశునినొసటికంటనుమిణుగుర్లువిడిబడివింతగప్రాకీనిమా

Z oka Lorda Mrudeshy wyłania się blask i rozprzestrzenia się zaskakująco.

109.యాదగిరియేటిజలచరములన్ని యుబాగుగాభువిపల్కుపల్కీనిమా

భోగివీరయోగివస్తాడనేవార్తభువినిజంతులెల్లపొగడీనిమిమువ

rzeki Yadgir będzie mówić o przyszłości. Przyjazd Veera Yogi zostanie przepowiedziany przez wszystkie zwierzęta.

110.కుమారస్వాములగుడివాకిలియేడుదినములుమూసుకయుండేనిమా

అమరులందరువచ్చిఆవాకిలినిదీసిఏడుదినములునచటనుండేరుమా

Doors świątyni Kumaraswamy będzie w zamknięciu przez 7 dni. Ludzie przybędą i otworzą drzwi. I zostaje na 7 dni.

111.యువవత్సరమందుశ్రావణమాసమునయామ్యదిశవింతలుబుట్టీనిమా

ఇనుపదారియునిప్పుఘోటకములువోనిఫిరంగులారంభించేరుమా

In Shravana Masa Roku Yuva, Cuda zaczynają się dziać na południu. Z ognistymi końmi na żelaznych ścieżkach: Armaty powinny być zapalone.

112.గండినుండియూరుపాకకుబొయ్యానిగూడూరుమీదుగానేగీనిమా

మెండుగజనిచెంగల్కోటకుబొయ్యిఅందుండిదక్షినదిశకేగీనిమా

Goes do Yurupaki od Gandiego przez Guduru. Wielu pójdzie do Fortu Chengalva. A stamtąd przesuwa się w kierunku południowym.

113.ఆనెలఆదివారముతిరునల్వేలిఆమహాలింగేశునివద్దకువాడుక

చేపున్నసాయంసమయమందుఅనేకులువచ్చేరుమా

On w niedzielę miesiąca - na miejsce Tirunelveli Mahalingesha: dla uczczenia, wielu zbierze się wieczorem.

114.ఆడవారుమగవారుబాలురునచ్చటఅద్రినదిగట్టునతిరిగేరుమా

కూడుగుడిచివస్త్రధారణమొనరించిపేడుకఅర్ధములతోనుండేరుమా

Women, Dzieci i mężczyźni: wędrują po brzegach rzeki Adri,Gotują jedzenie, ubierają się; wszyscy będą w nastroju festiwalowym.

115.సంతోషముతోడనాటలుచునుపాటలుపాడుచుండేరుమా

కొందరుకాలక్షేపంచేయుచుండగమరికొందరుకోళ్ళుగోసేరుమా

With radość, tańczą i śpiewają wśród. Podczas gdy niektórzy poświęcają swój czas, inni poświęcają się zwierzętom.

116.మేకలుకోళ్ళుఆర్నూరువరకచటకేకలువేయుచునుండేనిమా

తెగువతోవాటినిచంపినవాళ్ళంతకెయుచుకిలారించేరుమా

Goats & Kury z prawie 600 będą tam krzyczeć. Krzycząc z radości i odwagi, ludzie będą je poświęcać.

117.అచ్చటకొందరుయాత్రికులంతప్రదక్షిణంబునాచరించేరుమా

ప్రచురముగాకొందరనేకవిధములభక్త్యారాధనములజేసేరుమా

Some będzie robić Pradakszynów wokół świątyni. Podczas gdy niektórzy ludzie będą hymnować Boga popularnie.

118.సమయమునకుతగినసేవలజేసేరుదుముకులాడుచుకొందరుండేరుమా

సాయంకాలమునన్నైదుగంటలకుసుజనులుగొనరించేరానమా

Some działają jako agenci wykonujący zadania na czas. Do 17:00 wieczorem, dobrzy zaczynają śpiewać.

119. ఆసమయమునందుదిగులుపడునట్లుఅపారవర్షమురిసీనిమా

ఆజనసముదాయంనిలిచినతావునఅపుడుతొగలకుండానిలిచేరుమా

At tym razem, niestety, zaczyna padać silny deszcz. Tłum zatrzyma się tam, gdzie: z tego ulewnego deszczu.

120.పదినిమంబులుకాళిఅడుగులుండినసేల, గున్నాగిరిపొండనదియందున

నూతనప్రవాహమకసొత్తుగానునిష్కల్మివేగవచ్చీనిముషమయ

Nowy ciek wodny ze wzgórz Gunnagiri, popłynie tam niespodziewanie.

121.నిండుమిక్కిలియురవడితోడనచటికిఅపారమైనగంగఎగసీనిమా

మెండుగజనులనుజేర్చివారుకొన్నికొండచరియలుకొంచుబొయ్యేరుమా

With wielka prędkość, ogromna woda tam dotrze. Zjeżdżalnie też będą się zdarzać z powodu wody i tłumu.

122.ప్రవాహమధికముగాకమునుపేజనులావలిదరికేగజూచేరుమా

వొవదలచినసంగులనేకులనుగిలుబాడబోలేకుండేరుమా

People będzie próbował przekroczyć przepływ zanim zwiększy się jego prędkość. Ale z powodu strachu przed utonięciem, wielu nie może przejść.

123.నిబిడముగానుండియందరావలకుపోలేకజనులంతభ్రమసేరుమా

గుబగుబమనిగంగపెరిగేటప్పుడుజనులుకలవరపడిభయమొందేరుమా

People wyobrazić sobie przejście z gęstej na inną stronę. Ale kiedy przepływ wody zaczyna się zwiększać, ludzie zaczynają się bardziej bać.

124.జనకులభర్తలభార్యతల్లిదండ్రులకుమారులనురోసికుందేరుమా

అనుమానమునతప్పించుకొనుతమకునుసాధ్యమైనట్టులకోరేరుమా

People zaczyna wykorzystywać swoich mężów, żony, dzieci i rodziców. Przerażająca sytuacja, ludzie wątpią w swoją ucieczkę od niej.

125.జలప్రవాహమొదిరింపమరియెవరివల్లకాదుమునులకయ్యానిమా

బలుప్రవాహముయొక్కవేగముచేతనుప్రజలుదొర్లుచుపారిపొయ్యేరుముమా

None może uciec od furii wody, z wyjątkiem świętych. Do prędkości wody, ludzie zaczynają się nią przejmować.

126.వారువారునట్టిభాదయనుభవించువారేగదాయదితెలియదుమా

నరులొకరికంటికినొకరుకనబడకుండనపుడుచీకటికమ్మియుండీనిమా

Those, którzy cierpią, to ci, którzy powinni cierpieć i nie mogą tego zrozumieć. Mężczyźni nie mogą się widzieć, bo ciemność nocy zaczyna ich zasłaniać.

127.చీకటిగమ్మినఅరగంటసేపులోఅకస్మాత్తుగాజలములింకీనిమా

ఒకగంటసేపైనాతోడ్తోమునుపటివలెవట్టినేలగపడియుండీనిమా

After 30 minut ciemności, nagle ustaje przepływ wody. Po godzinie woda wysycha, a ziemia wydaje się być suchym lądem.

128.నదిలోకొట్టుకొనిపోయినవారలులక్షకుపైలెక్కయుండీనిమా

అదిగాకచెట్లపేళ్ళనుపొదలందుప్రేతములుబహుఉండీనిమా

People niesiony przez wodę będzie więcej niż jednym jeziorem, Wiele trupów będzie tam pod drzewami i równinami.

129.ఏరుదీసినవెనుకఅక్కడకూచిశవాలనుమరియెత్తేరుమా

లోతైనఆయేటిపొడుగుండేటిచెరువులోశవుననుతేలీనిమా

After Rzeka wysycha, zwłoki są przeszukiwane i znajdowane. Wiele trupów znajduje się w głębokim jeziorze na końcu tej rzeki.

130.కొన్నిపీనుగులురాళ్ళసందుననున్నవియెత్తిబైటపూడ్చేరుమా

విన్నవారుదుష్టవర్తనలుభువిలోనున్నవారెల్లరుఅణగేరుమా

Corpses między kamieniami są znalezione i zakopane. Grzesznicy słyszący to zaanektowali się na całej ziemi.

131.భువిలోదక్షినఅమెరికాదేశమునభూకంపంబహుగానుబుట్టీనిమా

అదిరినఆనగరమందుసర్వాత్ములుబెదిరియునశనమయ్యేరుమా

On ziemia, w kraju Ameryki Południowej zdarza się wielkie trzęsienie ziemi. Ludzie z tego drżącego miasta, strasznie giną.

132.అందులోనైదుకుటుంబాలవారుఅచటనుతప్పియుబ్రతికేరుమా

నందియానాంకరమువిహ్వలులైరిసోమనగరిగిరినగ్నిపెరిగేసుమా

Five Ludzie z rodziny uciekają tam i mieszkają stąd. "Nandiyanam" ręce ludzi sparaliżowane, Ogień wzrasta na wzgórzu Somanagari(Księżycowym).

133.కకుతిల్గానగరముకారాముఅవలోకమగ్ని వల్లనుభస్మమయ్యానిమా

సెగనిప్పులినగరంకారాముతోడేడునగరాలునాశనమయ్యానిమా

Jail miasta "Kakutilga", zostanie zrzucona przez widzialny ogień. Przez ostry pożar, w więzieniu w tym mieście, spala się też 7 miast.

134.మేలోరునగరమునందుకాపరివంశముననొకబాలుడుబుట్టీనిమా

తోలువన్నెముఖముతెలుపునలుపుఛాయకలబిడ్డడచటనుపెరిగీనిమా

In "Maylore" miasto, chłopiec rodzi się w rodzinie pasterskiej. Jarząca się skóra, twarz w czarno-białym odcieniu, chłopak dorasta tam.

135.ఒకపార్శ్వముతెల్పుఒకపార్శ్వమునల్పుసగముపెంట్రుకలుతెల్పునుండీని

మా

సగముకురులునలుపైకరిగిపోసినప్రతిమలాగనుకనులుతెలుపైయుండీనిమా

One część czarna, jedna część biała. Włosy też w połowie białe i w połowie czarne, wyglądające jak metalowa figurka z białymi oczami.

136.సుఖశరీరమధికబలశాలిగానుండువివేకశాలిగనుండీనిమా

ప్రకటముగనమెరికాదేశమునందుప్రజలుంచుకొనిపాలించేరుమా

Soft ciało, silne i inteligentne. Ogłaszając, kraj Ameryka będzie go trzymać i rządzić.

137.పదమూడేండ్లవయసుబాలుడైనప్పుడుజాతివాండ్లువానిజూచేరుమా

వెధవలందరువట్టిమాటలందురుకొందరదినిజమనుచుండేరుమా

On 13 lat, chłopiec jest postrzegany przez kolegów, idioci nazywają to tylko słowami, niektórzy uważają za prawdziwe.

138.కాశిగంగలుపెరిగిమరాటీలాలుగ్రామాలుకొట్టుకపొయ్యానోకపా

కాశిలోనార్వేలజనులుపాహములోజిక్కియునాశనమయ్యేరుమా

Ganga powodzie w Kasi, a wioski lokapal zostaną zatopione. Około 6000 ludzi w kasi, utonie w tych powodziach.

139.అలహాబాదుఏరుప్రవహముచేతఅచటపదివేలిరవైనాల్గిండ్లును

కూలయిన్నూటడెబ్బైవేలప్రజలుకూలిహానిపొందేరుమా

Because przepływu rzeki Allahabad, tam 10,064 domów i 2,75,000 ludzi zostanie zniszczonych przez nią.

140.కాలభైరవుడుఉత్తరాదిప్రజలకాలదొక్కినేలరాచీనిమా

కాలకీడుచేతదక్షినాదిప్రజలుకాళిపులనష్టమయ్యేరుమా

'Kala Bhairava' będzie karać i burzyć północnych ludzi. W złych czasach, Południowcy zginą pod wojną "Kali".

141.వికారిమూడేసివిష్ణునామముమీదవీరవసంతుడువచ్చీనిమా

వికారిమూడారువెళ్ళితేనుభువికివీరవసంతుడువచ్చీనిమిమా

After Vikari nama samvatsaram, i trzy razy Vishnunamam,Veera Vasanta przybywa. Trzy szóstki po Vikari, Veera Vasanta przybędzie na ziemię.

142.మందరధరుడైనసుందరాంగునిమహిమమహిమీదనెవ్వరునెరుగరుమా

సందేహమేలేదుసామగానప్రియుడుసాధువులరక్షింపవచ్చీనిమా

Mandara wianek, uwodzicielka. Jego moc nie może być poznana przez nikogo na tej ziemi. Bez wątpienia, aby uratować świętych ludzi,Samavedam kochający na pewno przyjdzie.

143.కంచికామాక్షికిఉగ్రముగల్గీనిమించిదక్షిణసీమకేగీనియా

వంచనగల్గినవసుధేశుశిశువులపొంచికిలారించికూల్చీనిమా

Kanchi Kamakshi z wielkim gniewem idzie na południowy ląd. Strasznie karze i niszczy ludzi oszukującymi umysłami.

144.రుద్రుడుకాగ్ని రౌద్రుడుశ్రీవీరభద్రునిభువిమీదకొలిచేరాలా

క్రోధుడైక్షద్రులరుద్రభూమికంపిమాభ్యాసుద్రించీనులవా

Ferocious, Lord Sri Veera Badra będzie się modlił na ziemi. Ragely niszczy wojenną krainę Skhadry i ratuje ludzi Jogi lub buddystów.

145.గుగ్గిళ్ళరాయుడువచ్చీనిపగతుండెలనన్ని యునదరచెండేనిమా

దగ్గరచూపులుచూచేటివారెల్లదగ్ధపటలమయిపొయ్యేరుమా

Guggilaraya przyjdzie, wszystkie serca wrogów będą się trząść. Blisko patrzący ludzie, spłoną w prochach.

146.గొప్పసుడిగాలిటెక్రాదేశమునందుగొప్పనదిమధ్యబుట్టీనిమా

గాలిగొట్టినందువల్లనుపండ్రెండుగ్రామలవెయ్యిండ్లుగూలుమేనుమా

Great Huragan w kraju 'tekra' dzieje się między Wielką Rzeką. Z powodu silnych wiatrów, 12 wiosek i 1000 domów zostaje zniszczonych.

147.ఆనదిలోనుండుగొప్పపడవలుపదునెనిమిదిబోరగిలిపడేనుమా

ఉనికితోగాలివేగానికుపైకెగిరిభూమాపడవలొచ్ఛీనికా

In ta rzeka, 18 wielkich statków zawróci. Podnoszone przez siłę wiatru, te statki wracają na Ziemię ponownie.

148.అరవైమూరలదూరమైనఒకగట్టునఆపడవలుచేరిఅల్లడీనిమా

వురివుల్తాగ్రామముననుండేటిగృహములుసర్వనాశనమయ్యానిమా

Those statki dotrą na inny brzeg, który jest oddalony o 60 środków. Domy w wiosce "Vurivulta" całkowicie zginą.

149.సుడిగాలిఒకగడ్డనెత్తిమాకుపైనబడధరకుముప్పైఅడుగులింకీనిమిమా

వడిగాలివిడిచెట్టియూచెరువుచేసినవిపిబడిబహుగాలివిసరేనుమిడ -

Wyspa - 30 stóp wyschnie do ziemi. Ogromne wiatry wieją w poprzek rzeki, po zakończeniu cyklonu.

150.ఆగాలివిసరినదానిప్రమాణముఒకక్రోసుప్రమాణముండీనిమా

లోకములోకలకత్తాదేశమునందుభూకంపములచటబుట్టీనిమా

The długość wiejącego wiatru to długość 12000 stóp. Na ziemi, w kraju Calacatta, zdarza się tam trzęsienie ziemi.

151.భాద్రపదమాసమునమందవారమునభిన్నూటయాభైఅడుగులునా

భూకంపమునాల్గజాములుగల్గివికలమైనాల్గూళ్ళుఅదిరీనిమా

In Bhadrapada Miesiąc, wtorek o 4 nad ranem, ziemia 250 stóp, trzęsienie ziemi powodujące drżenie wiosek.

152.కలకత్తాకాళిపేటపురధాహింసాగర్లోవాయువ్యమూలదుఃఖించీనిమా

చలరేగిఆగ్నేయముఖముగాపొయ్యీనికలినరులకుగానవచ్చీనిమా

Calcutta Kali w "Peta purudhahim sagar" cierpi na północnym zachodzie, Ragely idzie na południowy wschód i staje się widoczny dla współczesnych ludzi.

153.శివనాగమ్మకుచిన్నిమనుమడుపుట్టిసీమకుదిక్కైవచ్చీనిమా

అవనిలోదైవములేదన్నవరెల్లఆకురాలినట్లురాలేరుమా

To siva-nagamma, rodzi się wnuk, który przybywa, by ratować ziemię. Ci, którzy bluźnierczą na Boga, padną jak suche liście.

154.నక్కలుఊరూరదినమందుకూసీనికుక్కమూతికుట్టినోకపా

ముక్కలుకోసేటివారురాజన్యులుమ్క్యాపురికిపొయ్యేరుకుమా

Wolf opłakuje w dzień na wsi, ogon wchodzi na pysk psa. Nożyce do nosa lądują ludzie idą do "Mukkapuri".

155.మద్యపానముజేసిమహిమీదకొందరుగ్దులాటలకువచ్చేరుమా

గద్దెసుద్ధులుజెప్పికాలముగడిపేరువ్యలతోవిఱ్రవీగేరుమా

Drinking alkohol, ludzie zaczną ze sobą walczyć na ziemi. Głoszenie marnotrawstwa, ludzie marnują czas i chwalą się swoją bezużyteczną wiedzą.

156.బ్రాహ్మణకులములోబల్కేదివినిబ్రహ్మబోధబొందినవార్లబ్రోచేరుమా,

జైమినిబ్రాహ్మలెకోతలువేసిబహుకమ్మరడుసులోముంచేరుమా

ListeningాListening do słów bramingu, ludzie mają ochotę poznać Boga. Chwaląc się jak Jaimini Brahmin, i wlewa się w gorsze żelazne doły.

157.సంగీతలోలుడుసనకాదివంద్యుడుసాకేతపురివెడలివచ్చీనిమా

బంగారుజలతారుబౌసెనకోకలుభక్తకోటిక్లనిచ్చేరుమా

Music kochanek, wielki święty : pochodzi z opuszczenia 'Sakethapuri'. Przędzle utkane ze złota zostaną przekazane jego zwolennikom.

158.చండతేజుడుభానుమండలముననుండిసిద్ధులుచూడగవచ్చేనుమా

కొండలపొడగునపీనుగలులేచేనుమోతలార్భాటాలుచేసేరుమా

Great Zaklinacz opuszcza krainę słońca, by zobaczyć świętych ludzi. Trupy wznoszą się w góry, dmuchają trąbki.

159.అందేలుచలుచర్లకాలమ్రుత్యువుచేతఅతిఘోరయుద్ధములయ్యానిమా

ఇందుముఖులుఊరువిడేరుఇరువురుఇచ్ఛావిహారిచైతిరిగేరుమా

Nandyala Chalamcherla becoz z "Kalamrutyu" prowadzi okrutne wojny. Święci będą deserować wioskę, obaj będą wędrować jak chcą.

160.బ్రహ్మవేత్తలనువెంటబెట్టుకొనబ్రహ్మాస్త్రముబూనివచ్చేరుమా

బ్రాహ్మలుదేశాలుబుడబుడామాడ్చేరుబ్రాహ్మణకులముద్ధరించేరుమా

Along◌ాAlong z Brahmastra przychodzi. Brahminowie przemierzają

różne kraje, kasta Brahminów zostanie przywrócona.

161.కోటకొండలోనుకొంగమాట్లాడీనికొడమూరుగుద్దలించేరుమా

తాడిపర్తిలోనుద్రవ్యముదీసేరుధర్మదేవతధరనునిల్చీనిమా

Crane przemawia w Kotakondzie, Kodumuru zostanie splądrowany. Dravyam przejęty w Tadipatri, Dharma zostanie ustanowiona na ziemi.

162.కొత్తపెటపైనపురములోపలనొక్కకోతివచ్చిమాటలీనాడీనిమా

ఎత్తేపురముగట్టునెక్కియాకోతపుడుఏడుదినములుమటలాడీనిమా

In Fort Kothapeta, jedna małpa przyjdzie się odezwać. Na moście Ethepuram, małpa mówi przez 7 dni.

163.రాయదుర్గమునరామచిలుకవచ్చిరామధర్మజువార్తపల్కినిమా

పాయగట్టుగొల్లపశువులవద్దేడుఏండ్లబాలకుబిడ్డపుట్టినిమా

In Rayadurgam, papuga przychodzi mówić o wiadomościach Ramadharmaja. W pobliżu owiec Payagattu, siedmioletnia dziewczynka urodzi dziecko.

164.ఇలాజరిగినవారుదివ్యభూషణములునీరజాకునకునిచ్చేరుమా

మేలైనచెంగల్వకోటనుండువారుమేలైననగలనర్పించేరుమా

They oddawając cenne klejnoty wielkiemu zbawcy. Słynny fort Chengalva daje mu słynne klejnoty.

165.గాయత్రురవాసిప్కామజనకునకుకానుకల్బహుముల్చేరానమా

మయావిరహితునకుద్వారకాపురివారుమానిక్యహారములిచ్చేరుమా

Ludzie Gayatripura dają mu wiele rzeczy.Ludzie Dwarakapuri dają mu Manikyaharam.

166.నారయణస్వామిబ్రుందావనమునకుఆస్వామిభృగువెంబడోచ్చేరుమా

ధారలముగానుదేవతలందరూదేవాదిసుతపూజజేసేరుమ

Lord Narayana przyjeżdża do Brundavanamu razem z Saint Bhrigu. Serdecznie wszyscy bogowie wykonują kupę dla Pana.

167.అలంపురిలోనుఉత్పాతంబుట్టీనిఆజోగులాంబావలించేనిమా

వెనకాలపడియున్నభూధేవిలేచీనికులుకుకుచములపాలురుసీనిమా

In Alampur ma miejsce katastrofa, bogini Jogulamba ziewa. Matka ziemia stoi, która osiadła na plecach, z jej części wylewa się mleko.

168.ఐదుమారుతములుఏడహోరాత్రుళ్ళుఏమారకవిసరుచుండీనిమ

కంచికొండఅలంపూరుమొదలైనఏడూర్లవీతిపరుబుట్టినిమిమా

Five małpy przez 7 dni i nocy bez odpoczynku wędrują.Kanchi konda, Alampur itp., wydarzy się 7 miast katastrofy.

169.కంచిలోనుమరియుత్పాతాలుబుట్టీగరుడధ్వజముకదలాడీనిమా

పంచముఖప్రభువారుసత్యమువిడిచిపరంజ్యోతినిధ్యానముజేసేరుముమా

In Kanchi, dochodzi do katastrofy i Garuda dwajam zatrzęsie się. "Panchamuka Prabhu" zostawiając prawdę, medytuje dla Wiecznego.

170.ఢిల్లీవారుతరలిదక్షిణంవచ్చేరుఉల్లమెల్లాతల్లడిల్లీనిమా

నెల్లూరీమంతానిర్మూలమయ్యీనిగుగ్గిళ్ళుదుగ్గానికమ్మీనిమా

Delhi ludzie zaczynają przychodzić na południe, każde serce będzie cierpieć. Teren Nellore zostanie oczyszczony, Konie będą otaczać forty.

171.తిరుపతివెంకన్నగుడిలోనమ్మేచ్చులుఅద్భుతంగనాడిపాడేరుమా

గరుఢ్వజానాదిక్కులకేగిచోద్యంబుగానాడుచుంనీనిమిమా

In tirupathi, świątynia Venkateswara Mlechhas będzie śpiewać i tańczyć. Garudhadwajam będzie poruszał się w wielu kierunkach; śpiewa i tańczy niesamowicie.

172.కోమటివారెల్లకులభ్రష్టులయ్యేరుగొప్పపట్నాల్కొల్లబొయ్యీనిమా

క్షేమములేకనుపాంచానకులబుధులుపామరైయూళ్ళుతిరిగేరుమా

Komati kasta ludzi będzie podupadać, wielkie miasta będą rabowane. Bez bezpieczeństwa, ludzie Panchananamu włóczą się po miejscach takich jak inne.

173.దొడ్డైనతిరుమలదోపిళ్ళబొయ్యీనిఉండేదేశమువలసబొయ్యీనిమా

శ్రద్ధసేయనుండమోపులనిమ్లనుబట్టెలునిమడుగులోదోసీనిమా

Great Tirumala zostanie okradziona; kraj 'Unde' zostanie zmigrowany. Wdowy, które nie modlą się do Boga, zostaną wrzucone do dołów przeciwpożarowych.

174.కురుకొండలోనున్న హనుమంతరాయుడుకోపముతోడనుపెరిగీనిమా

ధరణికినాల్గుతాటాకులపొడవునరులకంటిమానిపించీనికా

God Anjeneya rośnie wraz ze złością w Kurukondzie. Na ziemi jest on widoczny dla ludzi jako wysokość 4 palm.

175.ఆలాగెచిరంజీవిచలిచెర్లచెంతనుఆంజనేయుడుగానుపించీనిమా

వాలలాడుచుముక్కంటిలోపలనువింతలతోతరలివచ్చీనిమా

176.కాశీలోగంగాస్నానముజేసేరుకార్యములెల్లగల్గీనిమా

నాసికాగ్రమందుచూచేటివారికివ్యాసులదర్శనమయ్యీనిమా

People weź kąpiel w Kasi, życzenia się spełnią. Kto patrzy z nosa, widzi Veda Vyasa.

177.గంగాధరునిదర్శనానికివచ్చేరుగంగయమునలుఉప్పొంగీనిమా

తుంగబద్రతీరమునత్రిమూర్తులుగూడిశృంగారమునుభాషించేరుముమా

Comes aby modlić się do Pana Sziwy na brzegach gangi, Ganga i Yamuna zostaną zalane. Nad brzegiem Tungabadry spotkają się trzej bogowie i będą rozmawiać.

178.ఓరుగంటిలోనుద్రవ్యముదీసేరువిశ్వనాథునిపూజించేరుమా

వారణాశిలోనువిశ్వనాథునిపూజవారిజనాభుడేసేనిమా

In Oruganti, Dravyam zostanie przyjęty; modlitwy ofiarowane lordowi Viswanatha. W Varanasi, Pan Viswanatha jest przez niego chwalony

179.అగరానికొచ్చీనిఅగుమీరుపూచీనిఆకాశముఎర్రనయ్యీనిమా

రారానగరివారురమ్యంబుగనుమేలురాజ్యమువారికిఇచ్చేరుమా

Daje gwarancję, przyjeżdżając do Agaramu; Niebo staje się czerwone. Ludzie z miasta "RaRa" uroczyście dają im dobre królestwo.

180.అగరములోమూడుశంఖాలద్రవ్యముఆర్డోడదితియిచ్చేరుమా

సాగరశయనుడుసరసిజముఖిగూడిసంతోషముండేరుమా

In Agaram, wielki Dravyam (30,00,00,000) zostanie przyjęty na życzenie. Ocean Dweller z Lotosową twarzą wypełnioną szczęściem.

181.కటకములోబహుద్రవ్యమున్నదిదానికమలనాభుడుతీయించీనిమా

ప్రకటముజేసియారాజ్యమునద్రవ్యముభక్తులచేతదీయించీనిమా

Huge dravyam istnieje w Katakam, zostanie wyciągnięty przez lorda Wisznu. Dravyam zostanie wyciągnięty przez wielbicieli w tym królestwie, przez ogłoszenie.

182.చెంగలించిపాలగుండములోపలచెన్నబసవడువేగబుట్టీనిమా

గంగయమునలుపొంగినవెనుకనుగంగపుత్రునివద్దకొచ్చీనిమా

Closely Chennabasavanna też szybko rodzi w Palagundam. Po powodzi Ganga i Yamuna, dociera do Gangaputry.

183.సుబ్బరాయునివద్దశుభవార్తబలికేరుమబ్బుమాయలన్నిమడిసీనిమా

దబ్బరవారినితలదునిమివేసేరుధర్మాతులరక్షించేరుమా

With Subbaraya mówi dobre wieści, ignorancja zostanie oczyszczona. Oszuści zostaną wyrzuceni, Sprawiedliwi ludzie zostaną ocaleni.

184.కేశవునిస్మరణచేసినవారెల్లవసుధలోపలనిల్చియుండేరుమా

పాశుపతాస్త్రముచేతబట్టుకొనానుమండలపతివచ్చీనిమా

Who modli się, by Bóg pozostał na ziemi. Z Pasupatastrą przychodzi Pan Nieba.

185.వనితలుపురుషులువహ్నిలోనుండేరువసుధపైకనువృష్టురిసీనిమా

సనకసనందసనత్కుమారులుసర్వోత్తములెంటడించేరుమ్మా

Women a mężczyźni będą w upale, na ziemi będą padać różne rodzaje deszczu. Sanaka Sananda Sanatkumaras i Czyści ludzie pójdą za nim.

186.పటువేషదారుడైవారిజనాభుడువచ్చిచల్లంచెర్లచొచ్చీనిమా

అటుమీదనాయూరిప్రజలెల్లచూడంగనాడనేఅదృశ్యమయ్యేనుమా

Sprytnie ubrany, idzie do Chelamcherli. Jak ci ludzie, którzy patrzyli na niego, znikają tam sami.

187.పద్మసంభవుడుపల్కినభవిష్యముపద్మపురుననుండీనిమాణము

పద్మనాభునితావుపద్మసంభవువల్లపద్మనాభునిమహిమలుండీనిమా

Buddhist mnich, proroctwa Riponche (Padmasambava) są w Padmapuranam. Miejsce Pana z powodu mnicha Padmasambawy, cuda Pana istnieją.

188.నారాయణాస్త్రమునారియెక్కించీనినలువంకగుణధ్వనిజేసీనిమా

క్రూరులయినవారికులమెల్లనణచీనిగోబ్రహ్మణులకరునించీనిమా

Lady ma na celu Narayanastram, dźwięki pojawiają się ze wszystkich czterech stron. Kasta okrutnych ludzi zginie, Krowie Bramingi zostanie uhonorowana.

189.మధురమీనాక్షమ్మమాట్లాడుచుండీనిమహినద్భుతంబులుపుట్టీనిమా

మధుసూదనస్వామిమహిమచేభువిలోనమాయవాదులణగిపొయ్యేరుమా

Goddess Madhura Meenakshi będzie mówić, Cuda zdarzają się na ziemi. Z powodu bagnistych kazań Madhusudany, głupcy zaanektują na ziemi.

190.కొల్లాపురమువద్దకొడమూరుధనముకోట్లుడెబ్బైరెండుదీసేరుమా

కల్లమాటాలావుపాండురాజుచేతకలధనమంతబుచుగొనియేరుకా

Near Kollapuram, Kodumuru dhanam 72 crores jest zdjęty. Prawdziwe słowa to te; Przez Panduraja dhanam zostanie rozpowszechniony.

191.బాటలమల్లికార్జునస్వామిసన్నిధిలంగారుపరిగెలుబోసేరుమా

అటనుండిబెల్లముకొండకువచ్చీయుఅరయికోట్లద్రవ్యందీసేరుముమా

In mieszkanie Batala Mallikarjuna Swamy, złote rzeczy są dane. Stamtąd przyjeżdża do Bellamkonda i wyjmuje 60 crores dravyam.

192.అంగజహరుడైనమల్లికార్జునుడుఅప్పుడుతానుమాట్లాడేనుమా

గంగాయమునాసరస్వతులుమూడుపొంగిశృంగారముగసంతసించేనుమా

Arrogance Wtedy przemówi niszczyciel Sri Mallikarjuna. Ganga, Yamuna i Saraswathi będą płynąć w szczęściu.

193.అంబభ్రమరాంబఆకలిదీరగఆవులపాలారగించీనిమా

అంబుదములుచూచిఆవులుఅరచీనిఆకాశమునగుబులుపుట్టీనిమా

Amba Brahmaramba z powodu głodu pije krowie mleko. Patrząc na chmury opłakuje bydło, a na niebie pojawiają się złe rzeczy.

194.చాంద్రాయణముమరివచ్చినతరువాతచంద్రగుప్తహరివచ్చీనిమా

ఇంద్రుడుశ్రీహరినిజుడునువచ్చీనిఇష్టార్థముకొంచుబొయ్యీనిమా

When ścieżka księżyca nadchodzi ponownie, król Chandragupta przyjdzie. Indra przychodzić Władyka Hari, brać jak on życzyć.

195.ఆనందగురువచటద్రవ్యముదీయంచిఅన్నదానములుచేయించేనిమా

ఆనందములచేతరాచయ్యదగ్గరఅర్ధమంతయుదీయిచేరుమా

Anandaguru wyjmuje tam dravyam i wykonuje Annadanam. Ze szczęściem wyjmuje dravyam koło Rachaiah.

196.ఆదరించాలఆదికేశవులుఆద్రవ్యమంతదీయించీనిమా

పాతాలగంగలోనీళ్ళింకిపొయ్యేనిభూతలంబుమంటలెగసీనిమా

There Lord Adikesava wyjmuje cały ten dravyam. Woda wysycha w Patalagandze, a ogień wylewa się na ziemię.

197.చంద్రగుప్తరాజుశాపవిముక్తుడైజయహరునిజితాబొగిడీనిమా

ఇంద్రాద్రిసురలకువందనాలుజేసిఇందిరేశునికృపబొందీనిమా

Chandragupta Król po zbawieniu od przekleństwa chwali Pana. Kłaniać się Indra i inny bóg, dostawać łaska the Władyka.

198.గోల్కొండమీదనుబంగారుకోమలికొండేక్కికూతలుపెట్టీనిమా

మాలబోయలుగూడిముష్టియుద్ధముచేతమహానందిపునమడంపేరుమా

On Golconda, złoty paw będzie wydawał dźwięki. Ludzie zginą w wojnie Mahanandi przez walki na pięści.

199.బేరికేశవులబ్రోచేనిమిత్తమైబంచెర్లకువారువచ్చేరుమా

బేరులబ్రోవనుప్రేమకలిగినటివీరవసంతుడువచ్చీనిమా

To uratuj Beri Kesava, do Bethamcherli przychodzą. Na łaskę Beri, przyjdzie życzliwa dusza Veera Vasanta.

200.బండీఅత్మకూరిభస్మమయినమీదటకొండతూర్పునపాదుపుట్టీనిమా

దండమన్నవార్నిదయతోనుస్త్రీలనుమండలపతిగౌరవించేనుమా

After Bandi Atmakur zamienia się w proch; na północ od wzgórza zaczyna się choroba. Król szanuje kobiety i wielbicieli z dobrocią.

201.గోల్కొండవద్దనుగోవిందపురములోగోగర్భముననరుడుపుట్టీనిమా

గోవులన్నిగూడికలిభారమంటనిగోల్లవాండ్లకుశివాలేక్కీనిమా

In Govindapuram koło Golcondy, od krowy rodzi człowieka. Całe bydło niszczy pasterzy jako przyczynę kaliyugi.

202.గంగలోఅస్థులుగయలోనుపిండముసాంగముగాదెచ్చిపెట్టేరుమా

శృంగేరీలోనున్నశ్రీభారతీదిశ్రీహరివెంటడివచ్చీనిమా

In Ganga i Gaya, ludzie z oddaniem mieszają prochy i pindamy. Sri Bharathi Devi z Sringeri przychodzi wraz z panem Sri Hari.

203.భారతకథలోమార్కండేయుడుమున్నుభవిష్యముబల్కియుండీనిమా

మారజనకుండాదిమండలపతియుమాపాలిభాగ్యమైవచ్చీనిమా

In Mahabharatam, Markendeya mówiła o przyszłości. Aby ocalić święty lud, Pan przychodzi do ciebie.

204.గోదావరితీరవాసులబిలిపించిగానములుబహుఇచ్చేరుమా

ఆదరించిబ్రాహ్మలకుననేకఅగ్రహారములర్ధినిచ్చేరుమా

To Ludzie z banku Godavari, krów jest wiele. Pożądane agraharyny zostaną podarowane Brahminsowi.

205.సన్నవీరనాలువంబులతోనుసరాయనేశ్వరుడుతరలివచ్చీనిమా

సన్నతుల్చేసేరుసకలమైనవారుసాష్టాంగదండముల్పెట్టేరుమా

With wspaniałe dźwięki, Pan zaczyna przychodzić. Przygotowania są poczynione, a zwolennicy będą się Mu kłaniać.

206.ఆకాశవీధినిరాకసిపంపుకేకలువేయుచువచ్చేరుమా

చికాకుపరచుచుద్రావిడందునలోకేశ్వరుడువచ్చులుట్టీనిమిమా

In trasy nieba diabelskie wojny przychodzą z ogromnymi dźwiękami. Dravidas się irytuje, w tym, że rodzi się lord Lokeswara.

207.బిజనూరుసీమంతబ్రహ్మణులకిచ్చేరుబెజవాడకొంచుబోయ్యేరుమా

బిజనూరుసీమంతబ్రహ్మణులకిచ్చేరుబెజవాడఆర్థితోనిచ్చేరుమా

Obszar Bijanur jest przekazywany Brahminsowi, Bezawada też jest brany. Obszar Bijanur jest przekazywany Brahminsowi, Bezawada przekazywany z życzeniem.

208.ఆనందగురువులవెంటబెట్టుకొనిఅహోబిలముజేరవచ్చేరుమా

ఆనందగురువులఅనుమతిచేతనుఅన్నసత్రములచటగట్టేరుమా

Along_ z Anandagurusem przybywa do Ahobilam,Za pozwoleniem Anandagurusa, Annasatram jest tam budowany.

209.సేనాధిపతియైనగుత్తికేశవులనుసేవకునిబిలువనంపేరుమా

శ్రీనరసింహులుకొలువుకురమ్మనిశ్రీఘ్రముగపిలువనంపేరుముమా

To zadzwoń do Gooty Kesava, naczelnego dowódcy, zostanie wysłany sługa. Aby przybyć do mieszkania pana Naraszimhy, zostanie wysłane pospieszne wezwanie.

210.చాగలమర్రిలోద్రవ్యముదీసేరుజాతిపెయ్యలతోచెండాడేరుమా

సాగరశయనుడుసప్తద్వీపంబులుసర్వోత్తమువచుడియేలీనిమా

Dravyam jest wyjęty w Chagalamarri. Złe rzeczy zrobione z bydłem. Mieszkaniec oceanu, święta dusza panuje nad siedmioma krainami.

211.రాచూరువద్దనురాజులుపుట్టేరురాజుననేవాండ్లురాలేరుమా

యాచకవృత్తిలోఆనెగొందివారుఅతిధేషములబొయ్యేరుమా

Kings rodzą się w pobliżu Rachuru, królowie upadną. Ludzie Anegondi pójdą jak w upadku służby.

212.ఆదవేణిలోనుఆశ్చర్యధ్వనిపుట్టిఅతలకుతలమునయ్యీనిమా

వాదముతోనగళ్ళుగట్టిమీదటడంబుగాపురిగట్టుకొనియేలేరుమమా

Amazing dźwięk urodzony w Adaveni, sprawiający, że wszyscy ludzie się łączą.Ceremonialnie buduje wzgórza, po zbudowaniu fortu i rządzi nimi.

213.ఆదవేణినుండితరలివచ్చినదండుఅలగొండతూర్పునమడిసీనిమా

ఆదవేణిసీమచటపేటయ్యీనిఆలాగెకందనూరయీనిమ

People pochodzący z Adaveni, zginą na wschód od Alagondy. Miejsce Adaveni stanie się miastem, również Kandanur.

214.గుర్రాలజంపినకర్మలుదప్పవుగురునకుదుష్టాంతమయ్యీనిమా

పెంపులేకుండానుకందనూరుస్వతత్వముఅయ్యిపొయ్యీనిమా

Dogs zabijają konie; mogą być widziane przez Holy Preachers. Bez wojny, obszar Kandanur stanie się Wisznu tatwamem.

215.కందనూరులోనిఏడేనుగులధ్వనిగలిగిబల్గలిబిలిఅయ్యీనిమా

కందెనాలేసిఆత్మకూరుకువచ్చికందనూరీమగట్టేరుమా

In Kandanur, Dźwięk 7 słoni pochodzi tam irytujący. Przyjeżdżając do Atmakuru, budują tam fort Kandanur.

216.ఆనందగురువులహరికలికిరాములుభానునందికిజేరవచ్చీనిమా

ఆనందములచేతఆదికేశవులకుఆశీర్వాదములజేసేరుమా

Pan Anandaguru, Ram z Kaliyuga przybywa do Bhanunandi. Ze szczęściem błogosławi Adikesavulu.

217.నందనదనుడైననారాయణస్వామందిమండలానికొచ్చేనిమా

నందేలబ్రాహ్మణులమేరవిచారించినందాపురంబపుడుగట్టేరుమా

Lord Narayanaswamy przychodzi do Nandi Mandalam. Na życzenie Nandyala Brahmins, bulczy Nandapurama.

218.నందపల్లైలోనుబసవన్న కడుపులోనరులపెరిటకముండీనిమా

ముందటికమ్మలోనువార్తలువినిమూర్ఛబొయ్యినరులుమడిసేరుముమా

In Brzuch Nandepalli'ego Basavanna, kolczyki z imionami mężczyzn. Na wieści z przedniego kolczyka, mężczyźni tracą przytomność i giną.

219.నందేలఅంతయుసుఖముననుండీనినాణ్యముతోడుతవచ్చేరుమా

కందనూరుఏటివరదపాలుచేసికాలువదక్షిణమొచ్చీనిమా

After wyciągając nanyamu w Nandyala, ludzie żyją szczę¶liwie. Rzeka Kandanur zaleje i płynąć będzie w kierunku południowym.

220.కానికులాలందుపింజారికులమందుగిగాబరలేకయుండీనిమా ,

కోయలసీమంతగొడవలపాలవునువినుకొండయుకొల్లబొయ్యీనిమా

Ludzie z kasty Kouni i Pinjari żyją bez żadnych problemów. Obszar Koyala będzie miał kłopoty, Vinukonda zostanie splądrowany.

221.రామధర్మజస్వామిలంజపోలూరిలోరామయ్యనుపువనంపేరుమా,

ప్రేమతోరుద్రాద్రిరామనుజంగార్నిపిలిపించిబహుప్రీతిచేసేరుమా

Rama dharmaja swamy w Lanjapoluru wzywa do Ramaiah. Z miłością, dzwoni i służy do Rudradri Ramanujam.

222.వీరనరసింహంవీరవసంతులువిశ్వాసమునతాముపాలించేరుమా

దూరదృష్టెరుగనిదుర్మార్గులనుపెంచిదురాత్ములనుశిక్షించేరుమా

Ferocious Król, Veera Vasanta z zaufaniem będzie nimi rządzić. Eliminuje ludzi bez dalekowzroczności i karze złoczyńców.

223.పాంచానకులమునభక్తులుబహుమందిపేరుగవంబడివచ్చేరుమా

కంచిఅహోబిలంముందుండువారికికాంచనమిచ్చిరక్షించేరుమా

Many Wielbiciele kasty Panchananam pójdą za imiennikiem. Daje złoto Kanchiemu, ludziom Ahobilamu i ratuje ich.

224.కేతళ్ళూరిలోకూతలుపుట్టినిపాతకోటపట్నమయ్యీనిమా

ఆత్మకూరివారుఅడవిపాలయ్యేరుమోతూరివారుకేరుమడసా

Cries słyszane w Kethalluri, stare miasto stanie się nowym miastem. Ludzie Atmakuru wyjeżdżają do lasu, ludzie Mothukuri giną.

225.అక్షయబహులపక్షివాహానునిఅధికారంపూనుతిచ్చేరుమా

శిక్షించమనిశత్రుసంహారమెల్లనుసేనాధిపతితోనుద్వీసెలా

On Akshaya bahula, część władzy zostanie oddana Panu. Mówi, żeby ukarać wszystkich wrogów, z naczelnym dowódcą.

226.పచ్చలపల్లకిలోపలగూర్చుండిపద్మనాభుడుతరలివచ్చీనిమా

ముచ్చటలాడుచుముత్యాలిలోలచ్చమ్మగూర్చుండివచ్చీనిమిమా

King przychodzi siedząc w zielonym palanquinie. Urocze siedzenie w koszu perłowym, przychodzi królowa Laxmamma.

227.గ్రామాలుపల్లెలుపట్నములన్నియుగ్రహపీడచేతపాడయ్యానిమా

కామముక్రోధముబహులందయ్యానికాసుకొరకుకలహమయ్యానిమా

Villages, Towns, Cities wszyscy cierpią z powodu zaćmienia. Pożądanie, gniew wzrośnie; Kłótnie zaczynają się dla pieniędzy.

228.జలములింకీనిజగములువణకీనిజనులుకొందరునష్టమయ్యేరుమా

అలవిగానిదండుఅర్ధముకొరకయిఆనెగొందిజేరవచ్చేరుమా

Water wysycha, ziemia się trzęsie, niektórzy giną w niej. Bezużyteczne tłumy na bogactwo, zaczyna migrować do Anegondi.

229.సరికొండయందునసంపదకొరకైఆనెగొందికొండకొచ్చేరుమా

ముసల్మానులుకొందరుమృతియయ్యేరుమొదటివాణ్ణివిరగగొట్టేరుమా

For w imię bogactwa identycznych wzgórz, przybywa na wzgórze Anegondi. Niektórzy muzułmanie umrą, a ten pierwszy zostanie złamany.

230.అర్ఘాటువారెల్లఅవనిలోమడిసేరుఆరణిఅధ్వాన్నమయ్యీనిమా

అరవయెలమలెల్లఅడవిపాలయ్యేరుఅలాగేకన్నాడులయ్యీనిమా

False Guru zniknie z ziemi: Najgorsze wiry się zdarzają. Tamilskie Jelamy wyjeżdżają do lasu, Kannadyjczycy też będą.

231.ఏనుగతలకాయవానికర్ణమునఅగ్నిపొగసెగమంటలువెడలీనిమా

గానుగకులమ్లుకరిగిపోకనిల్చికన్నెలులనష్టమయ్యీనాడికా

In jedno miejsce Lorda Ganeshy, ogień i dym będą się zdarzać.Kasta Ganuga przetrwa, ale nie kasta Kannadi.

232.వాలిభండారముసెలవుశ్రీఘ్రముగవారిజనాభుడుఇచ్చీనిమా

ఆలించివాక్యాలుఆదికేశవులుఆద్రవ్యమంతదీయించీనిమా

Lord wyda rozkaz pośpiechu na skarb króla Vali. W porządku, Adikesavulu wyjmie skarb Vali.

233.మున్నూరువారెల్లముదముతోనుండేరుమొగలాయిదొరతనములణగీని

మా

పెన్నయొడ్డుననుండుచేన్నూరుగ్రామముపెనుగొండసీమకుజేరునుమా

Ludzie Munnuru są przepełnieni arogancją; rządy Moghulów się skończą. Chennur na brzegach Penny dotrze do obszaru Penukonda.

234.పర్వతములోనున్ననాజ్యోతిప్రతిమపకపకనగుచుమాట్లాడీనిమా

గర్వాంధులనెల్లఖండించివేయనుకల్క్యవతారుడువచ్చీనిమా

My uroczy idol w górach będzie się głośno śmiał i mówił. Aby wyeliminować arogantów, przyjdzie Kalki avatar.

235.కంచిగరుడస్తంభంఘుటానటెరిగీనికలిమింటహేతువుపుట్టీనిమా

కందూరికివీరవసంతుడొచ్చీనికంపెనీవారెల్లగూలేరుమా

Kanchi garuda dwajam degraduje się coraz bardziej, Omeny występują na niebie. Veera Vasanta przyjeżdża do Kandur, ludzie z towarzystwa upadną.

236.తిరుపతికితూర్పుచవుడుదిన్నెలలోఆరునిలువులగంగపెరిగీనిమా

మేరజనులజూచిరక్షించబోయ్యీనిమేరదప్పినవార్లమింగీనిమిమా

To na wschód od tirupathi,W Chowdudinne sześć miar wzrostu wody.

Ratuje prawych ludzi i połyka idiotów.

237.రాజవీడుకుఉత్తరంబొందిదిన్నెలోరావణయుద్ధములయ్యీనిమా

కంచికామాక్షమ్మకన్నులందుదకాలుంభాభిషేకముగగురిసీనిమా

North_ Rajaveedu, w Bondedinne, toczy się ogromna wojna. Z oczu bogini Kanchi Kamakshammy, woda walnie się ogromnie.

238. పన్నెండ్లుపుట్లన్నిగాజులుపగిలీనిమొలపొడుగురక్తముబారీనిమా

పృథివిలోదైవములేడన్నవారెల్లవడ్లపొట్టువలెనురాలేరుముమా

Twelve pęknie kupa bransolet, krew będzie płynąć ogromną długością. Niewierzący w Boga padną jak łuska ryżu.

239.నీలగంగబడ్డుబొయ్యీనినిమాననిర్జరులుతల్లడించేరుమా

పాలేటిబడ్డునబంగారుస్తంభముభగవదాజ్ఞతోనునిలిపేరుమా

On Zniknięcie Czarnej Wody, w chwili gdy bogowie się niepokoją. Na rozkaz Boga, złoty filar jest wymazany na brzegach Paleti.

240.బంగారుపువ్వులపాగజుట్టుకొనిపసుపువస్త్రములుదొడిగేరుమా

మంగళగిరిజయుమంగలవాసుడుమహిమీదప్రకాశమయ్యీనిమా

Wearing turban ze złotych kwiatów i żółtych ubrań, bogini Mangala Girija i bóg Mangalavasa pojawiają się na ziemi.

241.మూలమ్మఔకులోమూన్నాళ్ళుఊగినిమునిమడుగుదోపిళ్ళుబొయ్యీనిమా

పాలరాయివద్దపణతులబట్టేరుపానుగంటికొంచుబొయ్యేరుమా

Mulamma w Sowie będzie się trząść przez 3 dni, Munimadugu zostanie ograbiony. W pobliżu Palarayi zaczyna się rolnictwo, idzie do Panuganti.

242.పాణెములోపాణికేశ్వరునిసన్నిధిలోవీణానాదంవినపడీనిమా

వాణిజాహ్నవిదయపాణికేశ్వరుడువాసుదునికొలేవుజేసేనిమిమా

Voice veena jest słyszana w świątyni Pana Panikeswara z Panem. Pan Panikeswara będzie się modlił do Pana Wasudewy.

243.తేలుమీదగురుడుప్రవేశమయితేనుదేశాలన్నియువారుగట్టేరుమా

వాలాయముగానువర్షాలుగురిసీనివసుధలోపంటలుపండీనిమా

When Jowisz wchodzi do Skorpiona, Wszystkie kraje przygotują wojnę. Prawdziwe deszcze padają regularnie, a rośliny uprawne są uprawiane na ziemi.

244. ఛప్పన్నదేశ్రజలకుదెల్పనుశుద్ధవిదియసెలవునిచ్చేరుమా

అప్పుడుఅధములుయమలోకముజేరిఅంతకునిచేతమ్చేరుమా

To ludzie z krajów pomocniczych, co drugi dzień po nowiu księżyca. Wtedy grzesznicy docierają do piekła i sądzeni przez Boga Śmierci.

245.భర్గునివత్సరమునభ్రపదమునభకాదోటులుపిలువనంపేరుమ్తక

దుర్గదేవతలనితోరణాలుగేట్టేరుదుర్జనులనుతరిమివేసేరుమా

On Bharguni nama roku Bhadrapada miesiąc, wszyscy wielbiciele są wezwani. Forty i odpowiednie boginie są czczone; wszyscy źli ludzie są odsyłani.

246.నాగామునన్నాళిగట్టినమీదటసెగనూరుగట్టుకొనియేలేరుమా

నగరాలవారెల్లనాశనమయ్యేరునాడేడుగములునయ్యీనిమా

After zakładanie nagamu i nannali, Seganuru jest zbudowany i rządzony. Cywilizacja miejska zniknie, staną się wzgórzami z drzewami.

247.సిద్ధాపురముముందుప్రసిదికొచ్చీనిసిద్ధులునచ్చటగూడేరుమా

సిద్ధేశ్వరునిపూజలుసిద్ధులుచేసేరుసిద్ధముఈమాటజెరిగీనిమా

Siddapuram stanie się sławny, Siddas się tam zgromadzi. Siddhas tam będzie się modlić do Pana Siddheswara; naprawdę to się stanie.

248.సిద్ధపట్నానికిశ్రీరామధర్మజులుసేనలతోగూడివచ్చేరుమా

సిద్ధాంతశిరోమణీయినగురుస్వామిసిద్ధాంతమునిత్యమయ్యీనిమా

Sri Rama dharmaja przybędzie do Siddapatnam wraz z siłą. Guruswamy, Siddantha Siromani, słowa staną się prawdziwe.

249.దండుకుమొనగాడుధవళశంఖచక్రధరుడుధరతాపముమాంపీనిమా

మండలవంద్యుడుమహితప్రకాశుడుకుండలశయనుడువచ్చీనిమా

Hero Bogów, Nosiciela Shanka & Chakra, zmniejszy ból ziemi. Wielki król, Wielki Zaklinacz, Wszechobecny przybywa.

250.ముండ్లపాటివద్దమునులెల్లగూడేరుపెండ్లికొడుకచ్చటకువచ్చీనిమా

గుండ్లెల్లదేలినిబెండ్లెల్లమునిగీనీకుంభినిభారముఅణగీనిమిమా

All Święci zgromadzą się w Mundlapati, a Oblubieniec przybędzie tam. Kamienie unoszą się na wodzie i kije toną; ciężar Aquariusu ustąpi.

251.హంసరూపముచేతహరిసంచరించేనుసంశయములెల్లసమసీనిమా

కంసమర్ధనుడుకమలాలయముపెడలికలిదోశములణచివేసీనిమా

In forma łabędzia, Lord Hari będzie latać. Wszystkie wątpliwości zostały wyjaśnione. Pan opuści swoje mieszkanie, aby zakończyć efekt Kali Devil.

252.సూర్యనందివద్దశోభనమయ్యీానిసుజనులందరచటకొచ్చేరుమా

కార్యాకార్యాలుఘుడియలోనయ్యీానికలిదోశములణగిపోయ్యీానిమా

Good rzeczy dzieją się w Suryandi, Dobrzy ludzie się tam zbiorą. Wszystkie wydarzenia mają miejsce w krótszym czasie, a efekt Kali zniknie.

253.ధేనువుకొండలచాలాద్రవ్యముందిపంపుచేతధనముదీసేరుమా

దానవహరణుడుఆమదలనగరములోధనములంతదీయించేనుమా

At Denuvukonda tam jest dravyam, z walką jest wyjęta. Pan w mieście Amadala zabiera tam bogactwo.

254. నాగన్నయనియేటిఐదేండ్లబాలుడునాలువేదాలజదివీనిమా

బాగైనబనగానిపల్లెలోనువాడుభాగ్యముతాడీనిమా

A Pięcioletni chłopiec o imieniu Naganna, będzie studiował cztery wedy. W zmodyfikowanym Banaganapalli staje się ekspertem z gracją.

255.బాపలమనుకొనిగీపలమనుకొనివేదాలుపట్టుకతిరిగేరుమా

వేదాలుపుట్టావుదెల్పమనిబాపలబహుబాధపినతేరుమా

Boasting ich Wedyjskiej wiedzy, Brahmins wędruje wszędzie. Mózgi są zmuszane do cierpienia z powodu złego przesłuchania, by mówić o narodzinach Wedy.

256.చిత్రకటకంలోవిచిత్రాలుపుట్టీనిక్షత్రియలనేవారుసమసేరుమా

మిత్రద్రోహులంతమీనాంతమునందుమేదినిలోనష్టమయ్యేరుమా

Miracles zdarzają się w Chitrakatakam; ci, którzy są Kshatriyas wyginą. Nielojalni ludzie do końca Pisces będą cierpieć na ziemi.

257.బేరికోమట్లెల్లజయమునునుండేరుపెద్దలుకొందరుండేరుమా

ధరణిమీదధర్మాత్ములగుర్తెరిగిదయతోనుచాలరక్షించేరుమా

Beri Ludzie z kasty Komati będą żyć szczęśliwie, niektórzy starsi też. Sprawiedliwi ludzie są identyfikowani i ratowani na tej ziemi.

258.కోమటిరంగనిరక్షించేరుచాలకోరినకోర్కెలనిచ్చేరుమా

కడమకోమట్లనుధూళిగజేసేరుకొంచెమైననిలువనియ్యరుమా

Komati Ranga zostanie uratowana i wiele życzeń zostanie spełnionych. Nikt nie troszczy się o innych Komatisów, nikt nie daje im szacunku.

259.భరతునిశాపముచేతశూద్రులభాగ్యదొలగిపొయ్యేనేవతతా

నిరతముహరిగురునిననమ్మినశూద్రునిలులేరుతక్కినశూదిద్రునిల్గేరుమా

Due do przekleństwa Bharaty, szczęście Shudra odejdzie. Shudry, którzy wierzą w Pana Hari, pozostaną; inni zginą.

260.గురులింగజంగాలుగురుతుదెలుడ్డికియకగ్కలవలెమొరిగేరుకా

మొరిగిమొరివారువాదుకురాకుంటిగెటెఒరగబితలలుతరగేరుమా

Gurulinga Jangas bez rozpoznania będzie szczekać jak niewidome psy, Po wielu szczeknięciach, kiedy się nie osiedlają, odrąbano im głowy.

261.శీలవంతులబట్టిసిగలెల్లముడివేసిచింతకొమ్మలప్రేలదీసేరుమా

శీలముపుట్టావుదెల్పమనిచింతమల్లెలపాలుచేసేరుమా

Good ludzie są zabierani i wieszani na drzewie banyan. Kwestionując po drodze, jak dobro się rodzi, zostawiają je razem z banyanami.

262.దాసులమనుకొనిగీసులమనుకొనిదండాలుపెట్టుచుతిరిగేరుమా

దండములుపుట్టినతావుద్పుమనిదాసులబహుభాదపెట్టేరుమా

Thinking jako zwolennicy, wędrują pomagając innym. Kwestionując sposób, w jaki rodzi się pomoc zwolennikom ciężkiego cierpienia.

263.నీమముదప్పినవారుధారులెల్లనీళ్ళకన్నుపలుచనయ్యేరుమా

సామజవరుదుడుచనుదెంచునప్పుడుసందుగొందులందుదూరేరుమా

Those, którzy odchodzą od właściwej drogi, wyglądają tak samo powszechnie jak woda. Kiedy sam Pan przychodzi odpowiedzieć, wpadają w doły i dziury.

264.యల్లమ్మకంచునుమల్లమ్మకంచునుకల్లుమాంసపెట్టికుడిచేరుమంసమ

కల్లదేవతలనుకొలిచేటివారెల్లనిల్వపెరులేకపొయ్యేరుమా

People będzie podawać alkohol, mięso dla imion takich jak Yellamma, bogowie Mallamma. Ludzie, którzy czczą fałszywych bogów, są bezimienni.

265.ఘనమైనవజ్రాలుయాగంటికొండనుగాడంచుకమికోదెచ్చేరుమా

దినకరతేజుడువజ్రాలుదీయించిదేవబ్రహ్మణులకిచ్చేరుముమా

From Wzgórze Yagati, cenne diamenty przynoszone są w brązowej jamie. Pan znajduje diamenty i przekazuje je Devie Brahmins.

266.ముత్తలూరివద్దగూర్చుండిముగ్గురుమూర్తులముచ్చటలాడేరుమా

గుత్తిదుర్గముజేరిగురుపూజకాలానకోటిద్రవ్యమువారుఇచ్చేరుమా

Near Muthuluru, Trzech Bogów zbierze się, by rozmawiać. Przybywa Gooty Fort przez czas Guru Pooja i przekazuje tam jeden crore dravyam.

267.గురిగానుమూన్నాళ్ళుగుర్రమొండలోకౌమారజుకులువోగేరాలా

ధరణిలోకందర్పకొండగుహలోనుతరణులందుదాగియుండేరుమా

In Gurramkonda, z wolą Młodych Joginów tam przychodzi. Na ziemi, jaskrawi ludzie schronią się w jaskiniach Kandarpakondy.

268.కమ్మన్నపనులెల్లగడియలోనయ్యానినమ్మినహరియప్పుడొచ్చీనిమా

ముమ్మాటికిమాటనమ్మన్నవారికుకుందుడుభాగ్యమిచ్చీనిమిమా

To stanie się za godzinę; Lord Hari przyjdzie do tego czasu. Prawda jest taka, że aby uratować wierzących, Mukundha na pewno przyjdzie.

269.వేదాద్రిచూడనుకోవెలకుంటకువీరవసుడువచ్చీనిమా

ఆదికేశవునితాయెతులందరులప్పుడుముంజేతగట్టేరుమా

To zobacz vedadri, Veera Vasanta przyjedzie do Kovelakunta. Wtedy wszyscy przywiążą amulet Adikesava do nadgarstka.

270.నెల్లూరీమంతనిర్మూలమయ్యానినిడుగుర్లునిర్ధూళిఅయ్యానిమా

కాల్లూరినదిపెరిగిబారులయ్యానిముల్లాసాహేబులుమునిగేరుమేరుమా

Nellore obszar zginie; pozostawione miejsca zostaną zjedzone. Kalluri rzeki increseas i tłumy; Mulla sahebs będzie się zanurzyć.

271.శతపరాధములుచేసినవారైనశరణన్నవారినిరక్షించేరుమా

పతితపావనుడుభానుమండలపతిభక్తులరక్షింపవచ్చీనిమా

Even popełnił wiele grzechów, pokuta je uratuje. Patitha pavana, Władca Wszechświata przyjdzie uratować wielbicieli.

272.పాపవిదూరుడుభవరోగవైద్యుడుతాపత్రయహరుడువీరుండుమా

పాపకర్ములకున్నశాపముపోగొట్టిశరణుచొచ్చినచింతదీర్చేరుముమా

Sins Eliminator, uzdrawiacz chorób, niszczyciel pożądania Lord Hari jest wojownikiem. Usuwa przekleństwa grzeszników, i ratuje zwolenników.

273.వేదాంతవేదునివద్దకువచ్చేఆదిదేవునికొల్వుచేసేరుమా

నాదబిందుకళలనవనీతచోరుడుసాధులరక్షించుండీనిమా

Coming do Wedantavedyi, modli się Adideva. Wiedza o wszystkich ratuje świętych ludzi.

274.రామేశ్వరమునందురణరంగమయ్యీనిమారష్ట్రాధిపతులెల్లరాలేరుమా

కామాక్షిమాతల్లికన్నులుదియుకరుణించిభక్తులగాచీనెరచిమా

Wars dzieje się w Rameswaram, głowy państw upadną. Moja matka Kanchi Kamakshi otworzy oczy, łaski i uratuje wielbicieli.

275.ఘోటకముఖులెల్లనాశనమయ్యేరుకుంజరునిర్లేపులయ్యుమా

ఆడమండలంవారుఆర్తితోనుండేరుఆరవసీమెల్లరసిపోయ్యానిమా

Muslims zrujnuje; Gajapatis pójdzie na dno. Ludzie Ady mandalam żyją z żalem. Tamilskie tereny staną się słabe.

276.ద్రావిడదేశముదగ్ధమైనమీదద్రవ్యముండేదంతదీసేరుమా

భావజగురుమూర్తిఅనేకద్రవ్యాలుభారిపట్నాలలోదీసేరుమా

After Kraj Dravidana spala się w popiołach, całkowite skarby zostaną usunięte. Pan wyniesie wielkie dravyamy w wielkich miastach.

277.నీతిమంతులుతరలివచ్చినమీదటఅద్భంటుగజగడమయ్యానుతా

నాతిసంగమునుండిగద్దలుఆడీనినాణ్యమైనదొరలువచ్చేరుమా

After prawo wraca, dochodzi do wielkiej kłótni. Od tego czasu orły mogą latać i wyłonią się dobrzy przywódcy.

278.మకరమందునగురుడుప్రవేశమైతేనుమతములన్నియుగతములయ్యాని

మా

ప్రకటముచేతనుపెన్నదాటిదండుపెండ్లికొడుకువేగవచ్చీనిమా

When Jowisz wchodzi na koziorożec, wszystkie religie stają się wydarzeniami przeszłymi. Na ogłoszenie, wojskowy pan młody przychodzi w pośpiechu przez rzekę Penna.

279.పర్వతేంద్రమునఉత్పాతాలుపుట్టుపార్వతిచిరునవ్వునవ్వినిమా

ఆశ్వయుజమాసకృష్ణపక్షమందుపంచాంగములొయ్యానేకపా

Na wielkim wzgórzu zdarzają się katastrofy; bogini Parvathi niewiele się uśmiecha. W miesiącu Ashwayuja Krishna paksha, kalandra nie będzie.

280.కాలపరిపక్వముజనులకుముందరకార్తీకమాసమునకలీనిమా

బాలచంద్రునికాంతికనరాకపొయ్యానిభానుకాంతిలణగొయ్యానిమ

Ripeness czas będzie rozumiany przez ludzi w miesiącu Kartika. Światło księżyców nie będzie widoczne; światło słoneczne będzie słabnąć.

281.శేషాద్రినరసన్నగారినిముందరశీఘ్రముగబిలువనంపేరుమా

శేషాద్రిసరసయ్యఅచటజేరకమునుపెజగమంతచీకటిచెందీనిమా

Urgently wzywa najpierw Sesadri Narasannę. Zanim Seshadri Narasanna tam dotrze, cały świat stanie się ciemny.

282.బావులలోపలకూతలుపుట్టీనిపట్నాలలోలక్ష్మియేడ్చీనిమా

కావరించిననరులఖండించివేసేరుకర్మనిష్ఠలగారవించేరుమా

Cries usłyszysz z dołków studni; Laxmi płacze w Towns. Ego są zabijane, kontrola umysłu jest rozwijana.

283.వారిధులింకీనివసుధపాడయ్యానితారలుభువిమీదరాలీనిమా

వీరాధివీరులవెంటబెట్టుకొనివీరవసంతుడువచ్చీనిమా

Water wysycha, ziemia się psuje. Gwiazdy spadają na ziemię. Wraz z wielkimi wojownikami, Veera Vasanta przyjdzie.

284.మార్గశిరశుద్ధనవమిమొదలుకొనిభిలోబలువింతలుప్రబలీనిమా

మార్గశిరశుద్ధష్ణమిలోపలమగువభారములణగిపొయ్యానౌరా

Starting Suddha Navami miesiąca Margasira, wiele cudów dzieje się na ziemi. Przy pełni księżyca w Margasirze, ciężar kobiet zneutralizuje się.

285.సారముదప్పినిస్సారములయ్యానివారవారముల్వింతపుట్టీనిమా

వీరవసంతునివిజయములయ్యానివిరవిగజనుల్విస్తరిల్లీనిమా

Concentrated ulega rozcieńczeniu; z tygodnia na tydzień zdarzają się cuda. Zwycięstwa przychodzą do Veery Vasanta, ludzie będą się swobodnie rozwijać.

286.భానుబింబమందువిష్ణురుచూచిభక్తులుసంతుష్టులయ్యేరుమా

పూనిపౌర్ణమినాడుఅమావాస్యఅయ్యానిపూలవర్షములుగురిసీనిమా

By Widząc Pana Wisznu na obrazie Słońca, wielbiciele poczują się szczęśliwi. W dniu pełni księżyca Pooniego następuje nów; Kwiaty padają w deszczu.

287.భువిలోచతుర్దశభువనములన్నియుభోగీంద్రశయనుడుఏలీనీమా

సావధానముగానుసామఅధ్వరముల్సాంగమైముందరనడచీనిమా

On ziemia, wszystkie 14 światów jest rządzone przez Pana. Jego rządy będą opierać się na Samie i Atharvanie vedas.

288.సాంద్రసింధువేదమార్గముచొప్పునసకలమైనవారునడచేరుమా

చంద్రసూర్యులుగ్రహపీడలులేకచెలువమొప్పఅప్పుడుండేరుమా

By Sandra Sindhu vedam, żyją właściwi ludzie. Bez zaćmień, Słońce i Księżyc pozostają spokojne.

289.పాణెముముష్టిచెన్నయ్యకిచ్చీనిపగటిచుక్కలుకానుపించీనిమా

వాణిధవునిసృష్టివ్యర్థైపొయ్యీనివాసుదేవున్ధమ్మృష్టిస్రబలీనిమా

Panem jest dany Musti Chennaiah; Gwiazdy są widziane w dzień.Stworzenie Wanidhavy zrujnuje, dzieło Wasudewy przetrwa.

290.ముండమోపులుకన్నెపడుచులుఅయ్యేరుముదముతోముందరనడచీని

మా

ఎండవెన్నెలరెండుఏకమైనడచీనిపుండరాకీకిబొగడేరుమా

Widows stanie się młodą kobietą; i będzie chodzić szczęśliwie z przodu. Lato i zima staną się takie same, wszyscy chwalą Pana.

291.నెల్లూరీమంతనుసెదరమయ్యీనినేలమూడువర్షాలుకురిసీనిమా

మల్లూరునదిపెరిగిగారులయ్యీనిమార్కాపురమువారుమునాచేరుమా

Nellore obszar trzęsienia ziemi; co miesiąc padają trzy deszcze. Rzeka Malluri dorasta, a ludzie Markapuramu się zanurzają.

292.నెలమూడువర్షాలుగురిసినమీదటనీమంబుతోనరులునడచేరుమా

ఇలలోనధర్మమువిస్తారమయ్యానిఇందిరేశునియాజ్ఞనడచీనిమా

After Deszcze padają trzy razy w miesiącu, mężczyźni będą żyć z etyką. Na ziemi, dharma się ustabilizuje. Porządek Boży będzie przestrzegany.

293.ఆదవేనివద్దఅశ్వమేధంబుల్వేలఆర్వూర్లుచేసేరుమా

బాదాముపక్కనుబంకాపురముచెంతబంగారుగోడలుపెరిగేరుమా

Near Adaveni, Aswamedha yagas 6600 są wykonywane. Od strony Badamu, w pobliżu Bankapuram, zbudowano złote mury.

294.ఆనందమానందమవనిలోపలనున్న అర్థమంతయునుదీయించేరుమా

మేదినిలోనుండుభూసురులరప్పించిభూరిదక్షిణదానమిచ్చేరుమా

Alas! Niestety! Całe bogactwo z ziemi jest wyjęte. Mózgi na całej ziemi są nazywane i złoto jest im przekazywane.

295.ధనములుదీయించిధర్మములుచేయించిధర్మరాజులుభూమిఏలేరుమా

దానధర్మములేకదాచినధనమంతదండిగభక్తులకిచ్చీనిమా

Treasures wyjęte, darowizny są składane; prawi królowie rządzą na ziemi. Znalezione skarby są całkowicie oddawane wielbicielom mocno.

296.ఆనందగురులకుకనకాభిషేకాలుఆర్థోధర్మజుడెసీనిమా

ఆనందములచేతహరికలికిరాములనుఆలాగెనోషపెట్టేనుమా

Exagarately ze złotem, modlitwa wykonana do guru Anandy przez króla. Lord Hari ze szczęściem sprawia, że Kalki Rama też jest szczęśliwy.

297.భానుమండలపతిపాలించిజగములుభాగ్యముభక్తులకిచ్చీనిమా

బేరికోమట్లంతజయమునన్నుండేరుపెద్దలుకొందరునుండేరుమ_

King rządzi światami, dając fortunę wszystkim wielbicielom. Beri Komatis będzie żył w pokoju, niektórzy starsi też.

298.పరశురాములశాపపరారమయ్యానిభాగ్యముబ్రహ్మణులకిచ్చేనుమిహా

తరుచైనవజ్రాలనగలుధరించుకతరణులందరనుభవించేరుమా

Curse Parasurama spełnia się, Bogactwo dane Brahminsowi. Młodzi ludzie noszą cenne diamenty ze szczęściem.

299.పండ్రెండ్రురాసులలోపలముందరపద్మనాభుఅయిదునడిపీనిమా

చుండూరువద్దనుసుడిగాలిచేతనుడిబడిపెధవలుచచ్చేరుముస

dwanaście znaków, front piąty rządzony przez Pana. Cyklon w Chundur zabije głupców i idiotów.

300.ఏడాదిమసార్ధమైనమీదటఏడువారాలోకవారమయ్యానిమా

ఏడేడుపదునాల్గుభువనములన్నియుఏకచక్రముగానుఏలీనిమా

After rok i pół miesiąca, siedem tygodni stanie się tygodniem. Siedem i siedem całych 14 światów jest rządzonych przez jeden.

301.అరువదిసంవత్సరంబులలోపలఆర్ధితాల్గునడచీనిమా

పరమేష్ఠివేదంబుపనిలేకపొయ్యీనిభానుసిద్ధంతముప్రబలీనిమిమా

With w sześćdziesiąt lat, przez sprawiedliwość chodzić cztery. Paramesti Vedam jest bezużyteczny, Bhanu Siddantam rozkwitnie.

302.ఫణిభట్లుగారికిపౌరోహిత్యమిచ్చిబహుములనెల్లనిచ్చేరానమా

ఫణిరాజుపొగడగత్రిశూలడమరముభగవంతుడుపట్టివచ్చీనిమా

Phanibotlu jest księdzem, prezenty też są dawane. Na życzenie Phaniraju, z trisul & damarukam przychodzi Bóg.

303.విశ్వకర్మనిర్మాణముచేతనువియజనగరంవిస్తరిల్లీనిమా

విశ్వవ్యాపకులువీరవసంతులువిజయనగరందుండీనిమా

Vijayanagaram rozkwitnie dzięki strukturom Viswakarmy. Uniwersalny mieszkaniec, Veera Vasata mieszka w Vijayanagaram.

304.మీనమందుగురుడుప్రవేశమైతేనుభానుతేజుడుపట్నమెక్కీనిమా

భానుమండలపతిపాలించిజగములుభాగుభక్తులకిచ్చీనిమా

When Jowisz wchodzi do Pisces, Pan będzie rządził miastem. Pan rządzi światami i daje fortunę wielbicielom.

305.వేల్పూరువెంగళభట్టుగారినివేడుకతోబిల్వనంపేరుమా

వేల్పులుపొగడగకూర్మసింహాసనమువీరవసుడుఎకంతీనిమా

Velpuru Vengalabhattu jest ceremonialnie nazywane. Podczas gdy bóstwa się modlą, lord Veera Vasantaraya będzie rządził siedząc na tronie Kurma.

306.పింగళాబ్దములనంగజజనకుడుమంగళస్నుచేసీనిమా

బంగారుపూవులరంగనిపూజించిపట్టాభిషేకములయ్యానిమా

In Rok Pingala, Pan dostaje świętą kąpiel. Na modlitwie Złoty Kwiat Ranga, przejmuje królestwo.

307.పట్టభద్రుడైననారూర్తిభానుమండలంవెడలివచ్చినిమా

తిట్టుకొట్టులేకదీవెల్లనేలీనిదేవబ్రహ్మణులరక్షించేరుమా

The The Tronował Bóg, będzie opuszczał swoje mieszkanie. Panuje na ziemi bez przemocy; ratuje Devę Brahmins.

308.ఉదయగిరిమీదసంజీవియున్నదిఉత్సాహమోడదెచ్చేరుమా

బదరికాశ్రమమందునుండేటిపెద్దల్దర్శనానికికొచ్చేరుమా

Ambrosia jest przywieziony podekscytowany ze wzgórz Udayagiri. Święci ludzie z Badarika Aszram przychodzą odwiedzić Boga.

309.ఏనూరుకోట్లభూమండలమంతయునేకచక్రముగనేలీనిమా

భూమండలమందుద్భవమయ్యానీభానునందిప్రకాశించీనిమా

Earth z Siedemset kruków jest rządzony jedną ręką. Na ziemi się pojawia. Bhanunandi będzie się liliować.

310.శ్రీదేవిసతతమురామధర్మజస్వామిసేవలుపూజలుజేసేనుమా

భూదేవిఎప్పుడుపుండరాక్షికిపునుడుచొగుప్పొంగియునండీనిమా

Along z Lady Sridevi, Ramadharmaja się modli. Ziemia zawsze go chwali, i kwitnie szczęśliwie.

311.ఇందిరాపతిమంత్రమహిమప్రకాశమైఈరేడులోకలల్లాడేనిమిమా

ఇందువారముశుద్ధత్రయోదశిదివసమిష్టమంత్రముజపముపుట్టీనిమిమా

Lord ujrzy moc, wszystkie światy będą miały kłopoty. W poniedziałek rodzi się Suddha Trayodashi, śpiewanie mantry życzeń.

312.హంబీజదేవతామంత్రముజపియించిఆయ్యువృద్ధిగలిగియుండీనిమా

హంబీజదేవతనారాధించినవార్ని కష్టైశ్వర్యరాసులునుగలిగీనిమా

By skandowanie mantry Hambeeja Devi, zdrowie będzie wysoko. Ci, którzy czczą Hambeeja Devi, są błogosławieni szczęściem i bogactwem.

313.మంత్రదేవతసంతోషమువల్లనుమహిమీదచోద్యాలుపుట్టీనిమా

మధ్యాహ్నకామేశ్వరుమాధవాగ్రజనిమనసునోషముచేసీనిమా

By moc mantry, cuda dzieją się na ziemi. Lord Kameshwara sprawi, że Madavagraja będzie szczęśliwa.

314.నాదబిందుకళలునడిమింటనున్న విఆదిదేవుడునందుండీనిమా

ఆదికేశవులకుఅభయములీయనుఆనందగురుపుత్రుడొచ్చీనిమా

315.ముక్తికాంతజనులముద్దుబెట్టుమనుచుముందరతావిచ్చినిలిచీనిమా

ముక్తికాంతముచ్చటలాడుచుముకుందుడుముందరరుండీనిమా

316.నూటయెనిమిదిదివ్యతిరుపతిలందునమేటివేల్పులపూజనడచీనిమా

కోటిబ్రహ్మణులకునిత్యాన్న దానమోరినట్లుగబెట్టించేరుకా

In 108 tirupatis, modlitwy odbywają się bez przerwy. Jeden crore Brahmins dostają jedzenie, jak chcą stale.

317.తిరువెంగలప్పతిరునాళ్ళసాగీనితేరుముచ్చటగానుసాగేనుమా

విరివిగయాగంటిలోనుఈశ్వరపూజనరహరిబాగచేయించేనుమా

Festiwal Tiruvengalappa odbędzie się w słynnej atmosferze.Nieustannie lord Eswara Pooja jest robiony w Yaganti przez Narahari.

318.అంగామణియైనఆదిలక్ష్మినిగూడిఆనందస్వాములువచ్చేనిమా

అంగజజనకుడుఆనందములచేతఅంజనాద్రికివచ్చేరేనుమాAlongా

Along z Adilaxmi, daimondem kobiet, przyjdzie Sri Ananda swamy. Pan z radością przybywa do Anjanadri.

319.సేనాధిపతియైనకేశవస్వామిసేవకులనుబిల్వనంపేరుమా

శ్రీనివాసునకుదివ్యాభరణములుశ్రీఘ్రముగబెట్టిపంపేరుముమా

Commander naczelny, Kesavaswamy nazywa swoich ludzi. Pośpiesznie wyśle klejnoty i złoto do lorda Srininvasa.

320.పాండురంగస్వామిప్రాకారగోపురముపసిడినీరుపోయించేరుమా

చందనముప్రీతితోభుజంగేంద్రశయనునకుభూమిపుత్రుడుపూయించేనుమా

To Świątynia Pana Pandurangaswamy, złoto jest pokryte. Syn ziemi, Veera Vasantaraya zrobi złoty płaszcz do świątyni Pandurangaswamy.

321.రామధర్మజస్వామిరాజుఖిగీవమిరూఢ్యమెల్లాయేలవచ్చీనిమా

కామజజనకుడుకావేటిరంగనికికనకాభిషేకముచేసీనిమా

Ramadharmaja jako zły punisher przychodzi, by nami rządzić. Pan wykona świętą kąpiel złota dla Kaveti Ranga.

322.భానుమండలపతిపాలించిజగములుభక్తులపాలింపవచ్చీనిమా

భానుముక్కంటయుర్రుకోయజిరికిబంగారునీరుపూయిచీనిమా

Lord przychodzi rządzić światami i swoimi ludźmi. Pan zrobi złotą powłokę dla Jurrukonda.

323.మళయాలంలోపసులపాలకుడొకడుమర్కటమైమాడీనిమా

బాలుడుముక్కంటిజుర్రుకొ◌ిరికిబంగారునీరుపూయించీనిమిమా

A pasterz w Malezji, mówi jak małpa. Chłopak pokryje złotą wodą Mukkanti Jurrukondagiri.

324.విరూపాక్షిలోనుండుదుర్గమాట్లాడీనివీరధర్మజవార్తచెల్లీనిమా

తిరువళ్ళూరివీరరాఘువస్వామికిరుకళ్యాణముచేయించేరుముమా

Goddess Przemówi Durga z Virupaksha; spełni się przepowiednia Weira Dharmaja. Małżeństwo jest ponownie zawarte z Tiruvallur Veera Raghava swamy.

325.వీరనారయణపురముచక్కగకట్టివెంకటాద్రివశముచేసేరుమా

ధారుణీదేవులదయతోడబాలించధర్మరాజుపట్టమయ్యీనిమా

Veera Narayanapuram jest bajecznie zbudowany i poświęcony Venkatadri. Z łaską bogów Dharuni, Dharmaraju zostaje tronowany, by rządzić.

326.కడగండ్లువచ్చీనిజనులకుముందరవడగండ్లవర్షముల్కురిసీనిమా

వడగండ్లదగ్గరఆలంపూరువద్దనువడిరాచకార్యములయ్యీనిమా

Trouble przychodzi do ludzi wkrótce; Chwała spadnie jak deszcz. Blisko gradobicia w Alampur, wkrótce królowie pracują.

Rozdział 4

జీవైక్యబోధ

పరమందుశివం, శివమందుశక్తి, శక్తియందునాదం, నాదమందుబిందువు, బిందువందుసదాశివం, సదాశివమందుమహ్వారుడు, మహేశ్వరునియందురుద్రుడు, రుద్రునియువిష్ణువు, విష్ణువునందుబ్రహ్మ, బ్రహ్మయందుఆత్మ, ఆత్మయందుఆకాశము, ఆకాశమునందువాయువు, వాయువునందుఅగ్ని, అగ్నియందుఉదకము, ఉదకమునందుపృథివి, పృథివియందుఓషధులు, ఓషధులవలనఅన్నము, అన్నమువలననర, మృగ, పక్షి, స్థావరజంగమాదులుఉద్భవించున. ఉద్భవించినక్రమమునసేఐక్యమగును.

మనుష్యుడుతనఅంగుళిని 96 అంగుళములపొడవు, 7 జానెలప్రమాణము, నాలుగుజానెలవలయము, 33 కోట్లరోమనాళములు, 33 మూళ్లపేగులు, 63 సందులు, 90 పెద్దయెముకలు, 8 ఫలములయెత్తుగుండెలు, 4 ఫలములరుధిరము, 260 ఫలములమాంసము, సోలెడుపైత్యము, అరసోలెడుశ్లేష్మము, అరసోలెడుశుక్లం - ఇన్నిటితోకూడుకొనియున్నదిఈశరీరము. ఇవిఅన్నియుజాతిభేదాలు. ఇన్నిటికిజీవుడుసాక్షియైయున్నాడుగనుకఇన్నిటికిన్నికాంతిగలిగిమనుష్యఆకారమాయెను.

జీవునిక్రహ్మసాక్షియైయున్నుగనుకసకలభూతాంతర్యామియైయున్నిఋపరమాత్మ.

ఈశరీరమున 96 తత్వాలుగలవు. వాటివివరము:

వాకిళ్ళు 9, శోత్రాదులు 5, వాగాదులు 5, వచనాలు 5, అంతఃకరణాలు 5, పృథ్విసంబంధాలు 5, ఉదకసంబంధాలు 5, అగ్నిసంబంధాలు 5, వాయుసంబంధాలు 5, ఆకాశసంబంధాలు 5, వాయువులు 10, నాళ్లు 10, ధాతువులు 7, రాగాదులు 8, ఆధారాలు 6, ఉదకసంబంధాలు 3, గుణాలు 3, అవస్థలు 5, మండలాలుగుణములుఅవస్థలుగాకతత్త్వాలు 96.

ఈతత్త్వాలకురూపనామక్రియలవివరం:

ద్వారాలు 9. వివరం: చెవులద్వారాలు 2, కన్నులద్వారాలు 2, మలమూత్రద్వారాలు 2, ముక్కుద్వారాలు 2, నోటిద్వారాలు 1. *(10వద్వారాముబ్రహ్మరంధ్రము. ఆద్వారాముగోప్యముగానుండును. అదిముందరవివరంచబోతున్నాము).*

శోత్రాదులుఐదు - అనగాజ్ఞానేంద్రియపంచకము. జ్ఞానేంద్రియములనగా : చెవులు, చర్మము, నాలుక, ముక్కు, కన్నులు.

వీటికివిషయాలు - అనగా - ఆధ్యాత్మ - అదిభూత - ఆదిదైవతలవివరం.

చెవులు::అధ్యాత్మ; వినవచ్చేదిఅదిభూతం; శబ్దభూతమైనవాయువోకూడినఆకాశముతిదైవతం.

చర్మము::అధ్యాత్మ; చర్మమునకుసోకినస్పర్శఅధిభూతం; ఈవస్తూవునన్ను సోకెననితెల్పేవాయువుఅధిదైవతం.

కన్నులు::అధ్యాత్మ; కానవచ్చేవస్తూవులిభూతం; కనిపింపచేయుసూర్యుడుఅధిదైవతం.

నాలుక::అధ్యాత్మ; షడ్రుచులనుతెలిసొనుటఅధిభూతం; రుచులనికుతియచేయువరణుడుఅదిదైవతం.

ముక్కు::అధ్యాత్మ; సుగంధదుర్గంధాలుఅధిభూతం; సుగంధదుర్గంధాలుతెలియచేయుభూమిఅధిదైవతం.

ఇవిజ్ఞానేంద్రియపంచకము.

వాగాదులు 5 - అనగానోరు, చేతులు, పాదములు, గుదం, శిశ్నం. కర్మేంద్రేయాలకుఆధ్యాత్మాదులవివరం.

పాదాలు::అధ్యాత్మ; నడిచేదిఅధిభూతం; విష్ణువుఅధిదైవతం.

గుదస్తానం::అధ్యాత్మ; మలవిసర్జనంఅధిభూతం; అధిదైవతంమృత్యువు.

శిశ్నం::అధ్యాత్మ; సంగమాదులవలనగలిగినఆనందంఅదిభూతం; ప్రజాపతిఅనేబ్రహ్మఅదిదైవతం.

నోరు::అధ్యాత్మ; నోటపలుకబడినశబ్దంఅదిభూతం; అగ్నిహోత్రుడుఅధిదైవతం.

చేతులు::అధ్యాత్మ; చేతులుచేసేపనులుఅధిభూతం; ఇంద్రుడుఆధిదైవతం. ఇవికర్మేంద్రియపంచకములోనివి.

అంతఃకరణచతుష్టయాలవివరం - మనస్సు, బుద్ధి, చిత్తము, అహంకారము. ఈనాలుగేశరీరానఉండేవి. కనుకఅంతఃకరనాలనిపేరువచ్చేను.

బొడ్డుదగ్గరబుద్ధియుండును. హృదయమందుమనస్సుఉండును. పరమందుచిత్తముండును. నేనునందుఅహంకారముముండును.

వీటికిఆధ్యాత్మాదులవివరము -

మనస్సు::అధ్యాత్మ; యేదైనాఒకవస్తూవునుచూచిఆవస్తూవుఈవస్తూవా? అనిసంశయించేదిఅధిభూతం: చంద్రుడుఅధిదైవతం.

బుద్ధి::అధ్యాత్మ; మునుపుసంశయించినవస్తూవునునిశ్చయించుటఅధిభూతం; పరబ్రహ్మఆధిదైవతం.

చిత్తం::అధ్యాత్మ; అనేకముగాచింతచిఅధిభూతం; బ్రహ్మఆధిదేయం.

అహం::అనేరెండుఅక్షరములుఅధ్యాత్మ; సకలకార్యములునావలనఅయినవిఅనునదిఅధిభూతం; రుద్రుడుఆధిదైవతం.

జ్ఞాత్రుత్వమనగా -

ఇప్పుడుచెప్పినసకలేంద్రియాలప్రపంచాలకున్నుతనయుక్తిచేతవాటికిశాంతిగ ల్పించి, ఇంద్రయాలచేతపుణ్యపాపాలుచేయిస్తూ,

ఆత్మనుఒకకర్మముగూడఅంటకుండాసాక్షిమాత్రమేఉపాదివశానజీవుడనేపేరుగలిగినప

రబ్రహ్మోత్రుతైయుండును. ఈఉపాధిగలిగినపురుషునికితాపర్యమేమిటంటే,

నానావిధచేటలుగలిగినశరీరానికిజీవుడుబలిష్టమాయేను,

గనుకశరీరానికిజీవునిక్యముగనబడినశరీరమేజీవిఏకతిబ్రాంిగలిగేను.

ఆభ్రాంతివలనజన్మలెత్తిసుఖదుఖాలుఅనుభవించవలయును.

ఈశరీరమునేనుగదాయనిసాక్షియైయుండేపరబ్రహ్మనుకనవలయుననిసత్పురుషుడు

కారణగురుసేవజేస్తేక్షణములోఇదిగోననిపరబ్రహ్మదర్శనంచేస్తేజననమరణాదులులేకవి

ష్ణులందుబ్రహ్మసౌక్యమునుఅనుభవించును.

బ్రహ్మస్వరూపమైనజీవునికి,

అత్యంతమలినమైనశరీరానిక్యమేలాగంటేవివరుస్తిఏకత్నాము.

జీవుడుదేహవాసనతోగూడుకొనిఅహంకారాన్నొందేను.

అహంకారమైజడమైయున్నబుద్ధికూడెను.

ఆబుద్ధిసకలవస్తూవులనుకోరుతూఉండెను.

మనస్సుతోకూడనుమనస్సుసకలభ్రాంతినొందును.

ఇవిఅన్నిఏకమైచిత్తమునుబొందును.

ఆచిత్తముఅనేకచిత్తరూపమైనజీవునకుజననమరణాదుల్పించెను.

శరీరానకునానావిధచేష్టలనిచెప్పితిమిగదా, ఆచేష్టలవివరమువిచారిస్తూఉన్నాము.

చెవులకువిషయముశబ్దము. ఆకాశముతోకూడుకొనిసకలధ్వనులువినును.

చర్మానకువిషయముస్పర్శ. వాయువుతోకూడుకొన్నస్పర్శభేదాలుతుసును.

కన్నులకువిషయమురూపం. అగ్నితోకూడుకొనిసకలరూపభేదాలెలెలుసును.

జిహ్వేంద్రియానకువిషయంరసం. ఉదకసంబంధానషడ్రుచులుతెలుసును.

దానంచేతులయందు, అగ్నియందుఅణగును. ఇదియేఉత్పత్తి - స్తితి - లయహేతువు.

ఇప్పుడెప్పినఆధ్యాత్మ ఆధిభూతఅధిదైవతాలమనుజునికితాపత్రయాన,

ఈవిషయాలందువైరాగ్యుచిగితేమోక్షమునకుహేతువు.

విషయాలయందుఆసక్తుడాయెనాసంసారబద్ధుడౌను.

ఇందుకుప్రమాణం:

శ్లో : మోక్షోవిషయవైరాగ్యంబుద్ధోవిషయకోరక:

ఏతావదేవవిజ్ఞానంయధేచ్చసితథాకురు.

అనేన్యాయంఉన్నదికనుకవిషయాదులయందువైరాగ్యముంచవలయును.

ఇంకాపంచవింశతి:

ఎముకలు, నరాలు, మాంసము, చరమము, వెంట్రుకలు. ఈఐదుపృథ్విసంబంధము.

నెత్తురు, మూత్రం, శుక్లం, శ్లేషం, మేదస్సు. ఈఐదుఉదకసంబంధాలు.

ఆకలి, దప్పిక, నిద్ర, ఆలస్యము, సంగమం. ఇవిఅగ్నిసంబంధాలు.

చలన, గమన, ప్రసారణ, ఆకుంచన, ఆకర్షణాలు. ఇవివాయుసంబంధాలు.

కామ, క్రోధ, లోభ, మోహ, మదములు. ఇవిఆకాశసంబంధాలు.

ఈశరీరంపంచభుతాలమయంగనుకఅంగాంగాలువిభేదాలువేరేవిభజిస్తూఉన్నాము.

అదియేలాగంటె -

జ్ఞానము, ప్రాణవాయువు, చెవులు, శబ్దము, నోరు - ఇవిఆకాశమందుపుట్టునవి.
మనస్సువ్యానవాయువు, చర్మం, స్పర్శ, కాళ్ళు - ఇవివాయువునందుపుట్టునవి.
బుద్ధి, ఉదానవాయువు, కన్నులు, రూపాలు, చేతులు - ఇవిఅగ్నియందుపుట్టునవి.
చిత్తం, సమానవాయువు, నానారసం, గుదస్థానం - ఇవినీళ్ళయందుబుట్టునవి.
ముక్కుకిషయంవాసన, భూమిసంబంధానసుగంధదుర్గంధాలుతెలుసును.
ఇవిజ్ఞనేంద్రియపంచకం.

కర్మేంద్రియాలకువివరము

నోటికివిషయంవచనము, ఆకాశముతోగూడుకొనిపలుపలుకులుపలుకును.
కాళ్ళకువిషయంనడిచేది. వాయువుతోకూడుకొనిసంచారముచేయును.
చేతులకువిషయందానం. అగ్నితోకూడుకొనియిచ్చుటపుచ్చుకొనుటచేయును.
వాయువువిషయంమలవిసర్జనం. ఉదకసంబంధానమూత్రపురీషాదులవిడుచును.

శిశ్నమునకువిషయంసంగం. భూమిసంబంధానఆనందించును. ఇవికర్మేంద్రియచేష్టలు.

అంతఃకరణాదులవివరం

మనస్సుసంశయించును. బుద్ధినిశ్చయముచేయును. చిత్తముచింతజేయును. అహంకారమునేనుఅగును. ఇవియన్నియుఎక్కడపుట్టునోఅక్కడనేఅణుగును.

ఇదియేలాగంటే: శబ్దంఆకాశసంబంధమైనచెవులయందుఅణుగును. స్పర్శవాయుసంబంధమైనచర్మమందుఅణుగును. రూపంఅగ్నిసంబంధమైనకనులయందుఅణుగును. రసంఉదకసంబంధమైనజిహ్వాయందుఅణుగును. గంధంపృథివిసంబంధమైనఘ్రాణయందుఅణుగును. విసర్జనముగుదస్థానమందుఅణుగును. ఆనందముపృథివియందు, శిశ్నమందుఅణుగును. గమనంపాదములయందు, వాయువునందుఅణుగును. అహంకారము, అపానవాయువు, ముక్కు, గంధముభూమియందుబుట్టునవి.

పంచభూతాలకువర్ణాలు, అధిపతులు, స్థలాలువివరిస్తూఉన్నాము. భూమికిపసుపువర్ణం, సదాశివుండుదైవము. పాదాలుమొదలుపిక్కలుదాకాపృథివిస్థానం. ఉదకానికితెలుపువర్ణం. విష్ణువధిదేవత.

పిక్కలుమొదలుతొడలుఉదరపర్యంతరంఉదకస్థానం.

అగ్నినలుపువర్ణం. రుద్రుడధిదేవత. తొడలుమొదలుఉదరపర్యంతర్నిస్థానం.

వాయువుధూమ్రవర్ణం. రుద్రుడధిదేవత.

ఉదరంమొదలుకంఠంపర్యంతరంవాయుస్థానం.

ఆకాశమునకుఇంద్రనీలవర్ణం. బ్రహ్మఅధిదేవత.

కంఠంమొదలుముఖపర్యంతరంఆకాశస్థానం.

పృధివికిశబ్ద, స్పర్శ, రూప, రస, గంధములు 5 గుణములు. ఉదకమునకుశబ్ద, స్పర్శ, రూప, రసములను 4 గుణములు. అగ్నికిశబ్ద, స్పర్శ, రూపములను 3 గుణములు. వాయువునకుశబ్ద, స్పర్శములను 2 గుణములు. ఆకాశమునకుశబ్దమనుఒకగుణం. ఇవిపంచభూతములయొక్కతన్మాత్మలు.

భూమికి 'ల'కారముమాతృక - ఆదిశక్తి.

వాయువునకు "య'కారముమాతృక - క్రియాశక్తి.

ఉదకమునకు "వ'కారముమాతృక - జ్ఞానశక్తి.

అగ్నికి "ర'కారముమాతృక - ఇచ్చాశక్తి.

ఆకాశమునకు "అ'కారముమాతృక - పరాశక్తి.

ఇవిపంచభూతములయందాశ్రయించియుండేశక్తులు.

మాతృకలనగాబీజములు. వాటియందాత్మయుండేడి.

ఆపరబ్రహ్మణుకనుగొనువిధమువివరిస్తున్నము.

ఆధారాదులు 6, అనగాషడ్చక్రాలు. వాటివివరం - నామరూపక్రమాలువివరిస్తూఉన్నాము.

ఆధార, స్వాధిష్ట, మణిపూరక, అనాహత, విశుద్ధ, ఆజ్ఞ. ఇవిఆరుచక్రాలు. కాలియముకలు 2 కుదురుయముకలు 2 కూడినదిక్కుశిశ్నముండును. శిశ్నమునకుగుదస్తానమునకునడుమనలుచదరముగనుండును. అక్కడఆధారచక్రముండును. వానికినాలుగురేకులు. వాటిమీదనుండేఅక్షరములువ,శ,ష,స. ఈచక్రంపసుపువర్ణం. భూముద్ర. గణపతిఅధిదేవత. ఆచక్రానికిరెండంగుళములమీదస్వాధిష్టానచక్రముండును. దానికిఆరురేకులు. వాటిమీదనుండుఅక్షరములుబ,భ,మ,య,ర,ల. వర్ణంతెలుపు. బ్రహ్మఅధిదేవత. ఉదకచక్రంపక్షిముద్ర. దానికిమీదఎనిమిదిఅంగుళములదూరమునమణిపూరకచక్రముండును. అదికోడిగ్రుడ్డువలెనుండును. దానిమీద 72 వేలనాడులుపారియుండును. ఆనాడులకుపేరుగాచక్రముండును. రేకులు 10. వాటిమీదనుండేఅక్షరములుడ,ఢ,ణ,త,థ,ద,ధ,ప,ఫ. కాంతివర్ణం. విష్ణువధిదేవత.

పీఠముద్ర. అగ్నిచక్రం. అందుపైన 10 అంగుళములమీదఅనాహతచక్రముండును. అదియేహృదయకమలము. రేకులు 12. వాటిమీదనుండుఅక్షరములుక,ఖ,గ,ఘు,ఙ,చ,ఛ,జ,ఝ,ట. రక్తవర్ణం. లింగముద్ర. వాయుచక్రం. శివుడధిదేవత. దానిమీద 12 అంగుళాలవిశుద్ధచక్రముండును. గొంతుదగ్గరనుండును. దానికి 16 రేకులువాటిమీదనుండుఅక్షరములుఅ,ఆ,ఇ,ఈ,ఉ,ఊ,ఋ,ౠ,ఌ,ౡ,ఏ,ఓ,ఔ,అం,అః. ఈ 16 అక్షరములవర్ణంజ్యోతివర్ణం. జీవుడధిదేవత. మత్స్యముద్ర. ఆకాశచక్రం. దానికి 10 అంగుళాలమీదఆగ్నేయచక్రముండును. స్థానంభ్రూయుగం. అనగాకనుబొమ్మలమధ్యరెండురేకులుండును. వాటిమీదహం,క్షంఅనురెండక్షరములు. వర్ణంబంగారుచాయ. ప్రకాశముద్ర. పరమాత్మఅధిదేవత. ఇదిమనశ్చక్రం. దానిమీదకపాలపర్యంతంసహస్రారచక్రముండును. దానికివెయ్యిరేకులుండును. దానిమీదఅక్షరములుఅ,వ,ర,పలువగైరాలుగాఉండును. అదేమేరుశిఖరం. ఆకాశముద్ర. అధిదేవతగురువు. మండలాలమూడింటికివివరము: అగ్నిమండలం, సూర్యమండలం, చంద్రమండలం. అగ్నివివరము: భూమిన్ని ఉదకంగూడినతావండలవుచదరముగానుండును. దానిమీదత్రికోణాకారంబుగానుండును.

నాలుగుదళాలపద్మమందుపంచాక్షరియుండును. ఓం, హ్రీం,హ్రోం, సం. ఇదిఅగ్నిమండలం.

సూర్యమండలవివరము: ఎనిమిదిదళాలపదుగానుండును. అరటిమొగ్గవలెఅథోముఖమానుండును. ఆదళాలమీదఅక్షరాలుయ,ర,ల,వ,శ,ష,స,హ. వర్ణంబంగారువర్ణం. దానినడుమమనోన్మణిశక్తివాసమియనుండును. ఇదిసూర్యమండలం. చంద్రమండలంవివరము: రవిచంద్రాదిత్యులకాిగలిగిశిరస్సునడంతుండును. అదిఅమృతకల. అగ్నిమండలముమీదసంతతధారగాఅమృతమ్షిస్తూఉండును. ఆకమలముమీదపరాశక్తివాసమైయుండును. ఇవిమండలత్రయము.

ఇకనాడులవివరం:

ఈశరీరమందు 72 వేలనాడులుగలవు. వీటిలోపరిశుద్ధమైననాడులు 10. ఆపదింటికివివరము. ఇడ, పింగళ, గాధారి, హస్తి, జిహ్వా, అలంబ, పుష, క్రకుర, దేవదత్త, ధనుంజయ, సుషుమ్న యనుపదింటిలోప్రసిద్ధమైనవూడునిములు.

వాటివివరం: ఇడ, పింగల, సుషుమ్న. ఈమూడింటిలోప్రసిద్ధమైనదిసుషుమాడి.

ఈనాడులుశరీరమందుండేవిధము:

ఏలనగామునుపుచెప్పినసప్తకమలాలుగుదస్థానముందుండికపాలముదనుకవీణాదం

డమువలెఒకదానికొకటిదొంతరలుగానుండును.

వీణాదండమువలెవెన్నెముకనడుమరంధ్రముండును.

ఆవెన్నెముకగుదస్తానంమొదలుకపాలపర్యంతం,

వీణసొరకాయదొంతరవలెషట్కమలాలుండును.

ఆవెన్నెముకరంధ్రమందునడుమఉక్కుతంతివలెసుఘుమాడియుండును.

ఆనాడిగుదస్తానముమొదలుకపాలమువరకుండును.

సుఘుమ్నానాడికుడిదిక్కునపింగళానికీయుండును.

ఈపింగళానాడూలాధారామునుండికపాలపర్యంతంవచ్చితాకిఅక్కడనుండేఅగ్నిమండ

లంవ్యాపించి, అక్కడినుండితిరిగిముడికుక్కుగుండావెళ్ళును.

సుఘుమ్నానాడికెడమదిక్కునఇడానాడియుండును.

అదిమూలాధారముమొదలుకపాలపర్యంతంవచ్చితాకిఅక్కడినుండేచంద్రమండలంవ్యా

పించిఅక్కడనుండితిరిగియేడమముకుగుండాఊపిరివెళ్ళిపోవును.

ఇక్కడయోగమార్గమువిచారించవలసినదికనుకవిచారించుచున్నము.

మునుపుసుమ్నానాడిమూలాధారమునుంచుఘూలపర్యంతంఉన్నదనిచెప్పితిమిగదా,

అందులకికప్రమాణంయోగశాస్త్రంచెప్పెను.

శ్లో: గుదపృష్ఠస్యభాగేస్మిన్వీణాదణ్యదేహాభృత్

దీర్ఘాస్థిమూర్ధ్నిపర్యంతంబ్రహ్మదండేతికధ్యతే.

శ్లో: మూలాదిబ్రహ్మరంధ్రాంతంప్రవాళరాగరమణీయందండకాది కారణాత్ఖండనముజ్వలంతిసకలదురితతిమిర నిరసనపటీయసముద్యోతమయీమూలవిధ్యార్థిధ్యాత్యా.

తా:

పచ్చిపగడపుతీగవలెబంగారుకాచీగవలెకోటిసూర్యప్రకాశినతావెలుగుతూఉండును.

ఇదియేబ్రహ్మనాడి.

మూలవిద్య:

సకలలోకాలకుఆధారముతిమ్రూర్తిస్వరూపము.

ఈసుషుమ్నానాడిసూర్యమండలందాక్చిఅక్కడనిలిచియుండును.

ఈనాడికొసనసూక్ష్మమైనయొకరంధ్రముండును. అదియేదశమరంధ్రం.

బ్రహ్మరంధ్రంలక్షణం :

శ్లో: తన్యతేసుషిరంసూక్ష్మంబ్రహ్మరంధ్రేత్రురిభి:

- ఈబ్రహ్మరంధ్రమందుబ్రహ్మాండమంతావ్యించియుండును. అనిసకలవేదములుద్ఘోషించుచున్నవిగదా! వాటినివివరిస్తూఉన్నాము.

సూర్యుడు, చంద్రుడు, అగ్నిహోత్రుడు, పరమేశ్వరుడు, పంచమహాభూతాలు, చతుర్దశభువనాలు, కాశిమొదలైనపుణ్యక్షేత్రాలు, సప్తసముద్రాలు,

గంగమొదలైనసకలనదులు, సప్తద్వీపాలు, చతుర్వేదాలు, మీమాంసాదిశాస్త్రాలు, చతుష్షష్ఠికళలు, పంచాశద్వర్ణాలు, షోడశస్వరాలు, గాయత్రిమొదలైనసప్తకోటిమంత్రాలు, అష్టాదశపురాణాలు, రజస్సత్వతమోగుణాలు, మూలప్రకృతిచతుర్విన్శతితత్వాలు, దశప్రాణవాయువులు, జీవుడుఈచెప్పినవన్నియునుసుష్మ్నానాడుబ్రహ్మరంధ్రమందుండును. ఇందుకుసందేహములేదు. ఇదియేకుండలి. ఆశక్తిసర్వతోముఖముగానుండును.

ఇందుకుప్రమాణం

శ్లో: తస్యమధ్యగతాసూర్యంసాగ్నిపరమేశ్వరాభూతోమోకాది
సక్షేత్రంసముద్రాపర్వతాశిఖాదీపాక్షనిమగ్నావేదశాస్త్ర
విద్యాకళాక్షరా: సర్వమంత్రపురాణానిగుణాస్పోదితసర్వద:
బీజంబీజాత్మకంతేజంకేత్రజ్ఞేప్రాణవాయవ:
సుషుమ్నాంతర్గతంవిశ్వంతస్మిన్సర్వంప్రతిష్ఠితం.

ఈబ్రహ్మరంధ్రముండేస్థలముమహాగోప్యముగనుకవివరిస్తూఉన్నాము. ఈచంద్రుడు, గంగానది, ఇడ. ఈమూడుయెడమముక్కుననడిచేఊపిరివేళ్ళు. సూర్యుడు, యమున, పింగళ. ఈమూడుకుడిముక్కుననడిచేఊపిరివేళ్ళు . అగ్ని, సరస్వతి, సుషుమ్న. ఈమూడుబ్రహ్మనాడికిపేర్లు.

ఈమూడునాడులునాసాగ్రముననుండును. చేవులద్వారాలురెండు, ముక్కుద్వారాలురెండు, నోటిద్వారముఒకటి. ఇవిఏకతావుననేకలసికొనును. ఇటువంటిదికనుకసకలశాస్త్రాలయందునుకుందలీస్థానముద్వాదశాంతంచతుష్టకంత్రి కూటంముక్తిద్వారం. నాదబిందుకళావాసం. అట్టిబ్రహ్మరంధ్రమందుమండలత్రయంకొల్లాటమండలంద్విదళచక్రమందుండేహంసరూపమైనపరమాత్మయున్నాడుగనుకహంసస్థలమనిన్ని, శృంగాటకమనిన్ని, సకలవేదాలచెప్పబడుచున్నవి. ఇన్నిపేరులుగలిగిననాసాగ్రమందుకనుబొమలనుంచిబ్రహ్మరంధ్రపర్యంతంహంసరూపపరమాత్మయుండును.

హంసయనగా?

తన్నునమ్మినవారిసంసారమునుహరించిమోక్షమిచ్చునదిగానహంసయనిపేరు. ఈరేండుపరమాత్మయుండేస్థలాలు. యేవంటేమునుపుచెప్పినసుషుమ్నానాడిసరే, బొడ్డుదగ్గరఅరటిమొగ్గగాకమలమధోముఖముగానుండును. కమలమందుజ్యోతిరూపముగానుండును. హృదయకమలమందుసూర్యరూపంగానుండును. భ్రూయుగమధ్యమందురేండుదళాలకమలముండును. హంసరూపంగానుండును. శిరస్సువెయ్యిరేకులుగలకమలముండును. ఆకమలమందుబ్రహ్మరూపంగానుండును.

ఇందుకుప్రమాణము -

శ్లో: నాభికమలమధ్యేజ్యోతిరానందరూపం

హృదయకమలమధ్యేసూర్యబింబానురూపం

భ్రూయుగకమలమధ్యేహంసమార్గానురూపం

సకలమిదంసూక్ష్మరూపంపాతుమాహారసింహం.

ఈబ్రహ్మస్వరూపముఇటువంటినారాయణస్వరూపంధ్యానంచేసిదర్శనమైసంసారసముద్రందాటిముక్తుడయ్యేవిధము .

పదునాలుగులోకములలోగూడశ్రీమన్నారునిచేతవివరింపబడినది.

యోగీశ్వరులకుపరబ్రహ్మానుదర్శనముచేసేనిమిత్తమైనాలుగుయుగాలు,

నాలుగుయోగములు, నాలుగుమ్రులుఏర్పరచినారు.

వాటివివరం: షణ్ముఖి, ధ్యానముద్ర, శాంభవీముద్ర, రాధాముద్ర.

యివినాలుగుముద్రలు.

ఇకయోగాలు: *మంత్రయోగము, లయయోగము, హఠయోగము,* రాజయోగము.

వీటికిసాధనక్రమము:

ఇట్లుఉండేదిమంత్రయోగం. ఇదేధ్యానముద్ర.

ఈమంత్రయోగిమిగిలినయోగులకన్నఅధముడు.

ఇకలయయోగము - దిగువనాసికాగ్రముచూస్తూపైనఉండేదిసాధించేది.

పైనఉండేనాసికాగ్రముచూస్తుదిగువఉండేదిసాధించేది.

తర్జనిరెండువేళ్ళచేతరెండుచేవులరంధ్రాలులెస్సగామూస్తేఅచ్చటమహాధ్వనివినబడును. ఆధ్వనివినంగావినంగా

1.చిటుగజ్జలనాదం 2.గొప్పగజ్జలనాదం3.ఘంటానాదం 4.శంఖనాదం 5.వీణానాదం 6.తాళనాదం 7.వేణునాదం 8.మృదంగనాదం 9.భేరీనాదం 10.మేఘనాదం. ఇవిదశవిధనాదములు. ఇందులో 9 నాదాలుత్యజించి 10 మేఘనాదమభ్యసించివినంగామనస్సుఅచటలీనమగును.

ఇదయేమోక్షమునకుహేతువు. ఈనాదమేప్రణవనాదము. ఓం - అకారఉకారమకారంబులుంగూడిప్రణవరూపమైఅనాహతచక్రమందుపుట్టిఅచటనుండి ప్రజ్వలించికపాలమందుమహాధ్వనియైమ్రోగుతూఉండును. చేవులుమూసుకుంటేప్రత్యక్షంఅందరిసరేకదా!

ఇందులకుప్రమాణం

శ్లో : అనాహతస్యశబ్దస్యతస్యశబ్దస్యయోధ్వనిరంతర్గతజ్యోతి జ్యోతిరంతరగతంమన : తన్మనోనిలయంయాతితదివిష్ణో : పరమంపదం. ఇదేరాధాయంత్రం. ఇదియేలయయోగము.

ఎడమకాలిమడమరెండుపిర్రలనడుమగానుంచికుడికాలిమడమబొడ్డుదగ్గరగా నుంచిగడ్డముఱొమ్ముమీదనుంచిబొటనవ్రేళ్ళతోరెండుచేవులనుమూసిఅనామికలురెండువ్రేళ్ళతోరెండుముక్కులనుమూసిమధ్యముతోరెండుకన్నులుమూసివాయువునురే

చకపూరకకుంభకాలచేతసాధించిమూలబంధోడ్యానజాలధ్రంబులనేమూడుగ్రంధములు భేదించిషట్కమలాలుశోదించివాయువునుసుషుమ్నా నాడిగుండాసహస్రారపర్యంతంతెచ్చియుంచిఅక్కడనుండేజ్యోతిస్వరూపమున ఇదేహఠయోగము. షణ్ముఖికేవలంకుంభకం. ఇదేసిద్ధాసనం. ఈయోగిరాజయోగికంటేమధ్యముడు, కడమవారికంటేఉత్తముడు.

ఇకరాజయోగముసకలమైనయోగాలకురాజుగాఅయినదిగనుకరాజయోగమని పేరుగలిగెను. ఈయోగానికిపర్యాయనామములుగలవు. ఉన్మణీ, మనోన్మణీ, జాడ్యోన్మణీ, అజాడ్యోన్మణీ. దీనికిలక్షణం.

శ్లో : జ్ఞాని : పశ్యతుదృష్ట్యేతునిర్మలంగగనోపమం యత్రయత్రమనోయాంతితత్రతత్ర పరమంపదంఅనిభగవద్వాక్యం .

ఈశ్లోకముభగవద్గీతలోనిది. అతిగోప్యమైనసకలశాస్త్రసారమయినదిగనుకపరమగురుకృపాకటాక్షమువలనతోచినంతవివరిస్తూఉన్నాము. ఏలాగంటేమనిషంచిసాత్వికుడైతే, వేదశాస్త్రములుచదివిగురుసేవచేసినందువలనజ్ఞానముగలవాడయినవికుజ్ఞానిఅనిపించుకొనును. అటువంటిజ్ఞానితనయొక్కదుశ్చేష్టలనేమనస్సునిర్మలంగునిగివేసి,

గగనోపమంపశ్యతి =

ఆకాశముతోసరిఅయినరూపంగలిగిపరమాకడ్మనుచూస్తూఉండాతున.

శ్లో: యత్రయత్రమనోయాతితత్రతత్రపరమంపదం.

ఎక్కడేక్కడమనస్సుపొందునోఅచ్చటచ్చటఆపరమపదంకనపడును.

ఇదిఆత్మదర్శనంగలవారికియధార్ధమైతోచును.

ఈప్రకారముపెరుగులోవెన్నయున్నటుఉన్నాడుగనుక,

పెరుగుమధించకవెన్న కనబడనటుగురాక్షంగలవారుగురునాజ్ఞనుకట్వముచేతపిండాం

డంశోధించినవారిక్రహ్మాండంసరిబిదే. పిండాంమందుండేపరబ్రహ్మకనపడును.

కనుకయోగనిద్ర, జాడ్యనిద్ర,

అజాడ్యనిద్రయనిరాజయోగానికిమూడువిధాలయియుండును. అవియేవంటేసాంఖ్యం,

తారకం, అమనస్కం.

ఇందులోతారయోగంపూర్వయోగం. అమనస్కంఇహపరయోగం.

ఇవిపూర్వాపరాలుఅనిపేర్లు. తారకఅమనస్కాలలోకించిద్భేదమెగానివిషేషబేదంలేదు.

అదివివరిస్తూయున్నారము.

ఈయోగంసాధించేక్రమము.

ఈశరీరమందుమునుపుచెప్పినపంచవిశంతితత్వాలులెస్సగాసాధించియేర్పరచి

యీతత్వాలకన్నిటికిన్నిప్రధానతత్వమయినపరబ్రహ్మమయినశ్రీమన్నరాయుణుని

యందుభక్తిగలిగియుండేది. ఏదికద్దోఅదేసాంఖ్యమనిపించేను.

ఇదిశ్రీమద్భాగవతకార్లకుముఖ్యఇష్టము.

ఇకతారకయోగం:

శరీరమందుపరమాత్ముడులోపలవెలుపలఅంతటఉన్నాడనిసకలమైనస్మృతులుచె

ప్పుచున్నవి.

శ్లో: అంతర్బహిశ్చ -తత్సర్యంవ్యానరాయణస్థిత:

-

అనిశ్రుతివ్యాక్యమున్నదిగనుకఆనారాయణస్వరూపాన్నితెలియసాధకమయినవితార

కఅపమనస్కములుగనుకతెలియవివరిస్తూఉన్నాము.

శుచిఅయినస్థలమందుగూర్చుండిఆచారపుకట్టుకట్టుకొనిరెండుకన్నులదృష్టిచేతవెలు

పలినాసికాగ్రమందుకనుబొమలనడుమగానుంచిదినక్రమేణచూడగాచాచంద్రమండలూ

డగంద్రధనసంద్రధనస్సుమంఞాణికీపాలు, అగ్నిమినుగురులుధింజరులు,

ఇంకావిచిత్రాలుగాకనబడును.

ఇవియన్నిఆత్మప్రయత్నాలుఅవిఅన్నిమెరుగైపోయిచూచేకొలదివెన్నెలగపడును.

ఆవెన్నెలలోచిన్మయరూపమగును.

అదియెపరబ్రహ్మరూపమనిసకలశ్రుతిస్మృతిపురాణాలుచెప్పుచున్నవి.

ఇదెతారకయోగం.

ఇకరాజయోగంవివరించుచున్నము.

రాజయోగముపరమాత్మరూపముచూచేటందుకుహేతువైనది.

శాంభవీముద్రపార్వతీదేవికిప్రియమయినదిగనుకశాంభవీముద్రఅనిపేరు.

ఈశాంభవీముద్రచేతధ్యానంచేయగాచేయగాపుట్టినచిదగ్నిచేతపురుషుడుఅనేకకోట్లజన్మాలయందుత్రికరణములచేతజేసినబ్రహ్మహత్యసురాపానాదులుమొదలైనమహాపాతకములుఅనేకసముద్రుబడబాగ్నివలెదహిస్తాలన్నవి.

కనుకశాంభవీముద్రఅన్నిమ్రలకంటెప్రసిద్ధమాయెను.

ఇందుకుప్రమాణం-

శ్లో:

బ్రహ్మహత్యసహస్రాణివీరహత్యాశతానిచిఏకేనధ్యానయోగేనదహేశ్చాగ్నిర్వేంధనం-

అనిశాస్త్రమున్నదిగనుకశాంభవీముద్రఅవశ్యమభ్యసించవలసినది.

ఈశాంభవీముద్రలోచూచేచూపులుమూడువిధాలయియుండును.

అదియెట్లాగంటావాస్యదృష్టి, పాడ్యమిదృష్టి, పున్నమిదృష్టియనిమూడువిధాలు.

అమావాస్యదృష్టిలక్షణం:

కనురెప్పలురెండుకదియమూసినాసికాగ్రాన్నిచూస్తూలోదృష్టిమనస్సునఉంచిచూచేలక్షణంపేరుఅమావాస్యదృష్టి. ఇదిఅధమము.

మూడుపాళ్ళుపెలుపలినాసిగ్రామునందుదృష్టిపెట్టుకొనిరెప్పపాటులేకుండాచూ

చేలక్ష్యంపేరుపాడ్యమిదృష్టి. ఇదితారయోగానికిఅనుకూలము. ఇదిమధ్యమం.

పున్నమిదృష్టివివరము -

స్థిరమైనమనస్సుగలవాడైఈప్రకారానదినదినముచూడగామునుపుచెప్పినతారకచి

హ్నాలుఅగుపడును.

ఝూమోరెండురఝూములోదృష్టిలిచేటట్లుచేయగాగాఢాంధకారమయినచీకటికనబడు

ను. ఆచీకటిలోచూడగామునుపుచెప్పినతారకచిహ్నాలుఅగుపడును.

అవిఅన్నినిలచిమంచిపున్నమవెన్నెలకనబడును.

మరిచూడగాఆపండువెన్నెలలోగాసకలలోకేశ్వరుడైననారాయణుండైనపరమాత్మపరబ్ర

హ్మకోటిసూర్యప్రకాశంగాఅభిన్నవలయాకృతియైతాలుమూలదెనాదశాంతరములనడు

మఅగుపడును. అదిదర్శనమయినపురుషుడుపరబ్రహ్మనుబొందును.

తాలుమూలద్వాదశాంతముఖంనడుమననగా =

తాలుమూలలనగాదవుడలమూలము. అనగాకన్నులక్రిందబొడునుఎముకలు.

ద్వాదశాంతములనగాకనుబొమలకుపైననాలంగులాలకుపైనఉండేది.

ద్వాదశాంతముఈనడుమనేపరమాత్మకనబడేది. ఇదేపున్నమిదృష్టి. శాంభవీముద్ర,

ఖేచరీముద్ర. అర్ధావలోకనము. ఇదియేరాజయోగము. ఖేచరీనగాఆకాశము.

ఆకాశమందుచరింపబడ్డదిగనుకఖేచరిముదిపేరుగలిగెను.

ఆకాశముఅనగాఈఆకాశముగాదు. పరమాత్మస్వరూపమైనదహరాకాశము. అదియేనాసికాగ్రానికిపేరు.

లక్ష్యం - శ్లో: *బలిశోస్త్రిస్త్రితంనిత్యం, నాసాగ్రేచావ్యవస్థితంనిష్కలకంవిజానీయంషడూర్మిరహితంశివం.*

ఈరాజయోగమేబ్రహ్మ,విష్ణురుద్రులుమొదలైనవారుజీవనము.

ఇటువంటిరాజయోగియెచటనున్నపరబ్రహ్మస్వరేగానిసామ్మన్యపుయోగీశ్వరుడుగూప మితెలియవలెను. ఈఅర్థావలోకానికన్నఎక్కువయినయోగాలులేవు.

ఇందుకులక్షణం

శ్లో : అర్ధ్యోధ్యానితలోచనోస్థిరమనోనాసాగ్రదంతీక్షణం

చంద్రార్కానలలీలతాముపనయన్నిష్యందభావాతతే

జ్యోతీరూపవిశేషబాహ్యరహితందేదీప్యమానంసదా

తత్వంతత్వరమంతిజీవచపలంకింవాదమత్రాధికం .

ఈశ్లోకముశుకులుచేసినయోగావళిలోనిది.

శుక్రవాక్యంఈఅర్థమేశ్రుతిస్మృతిఇతిహాసపురాణఆగమాదులయందుపలుకబడుచున్న ది. ఇదియేసకలమర్మమున్ను.

ఇదితెలియకయెన్నివేదాలుచదివినయెన్నిశాస్త్రాలుచదివినియెన్నియోగాలుప్రయాసప డ్డషట్కర్మపరులయినఎంతసాహిత్యపరులైననిష్ఫలంగానులేదు.

శ్లో : చతుర్వేదధరోవిప్ర:సూక్ష్మబ్రహ్మనవిద్యతే

వేదభారేభరాక్రాంతంసద్తైవబ్రహ్మణగార్ధభం

శ్రీమతేగురవేనమ :

సకలమైనచదువులుపుస్తకములుచదివిఆరహస్యముగుర్తెరుగకయేలాగంటేగాడిద

గంధపుచెక్కలుమోసిపరిమళముగుర్తేరుగనట్లుఅనితెలిసేది.

ఇప్పుడుపున్నమదృష్టిచేతపరంజ్యోతిగనపడుచున్నదనిచెప్పితిమిగదా:

ఈరాజయోగముచేసాధించేసత్పురుషులకు 5

సంవత్సరములకునిర్మలదర్శనుడగునుగానిఈలోగాకాదు.

త్వరగాఅగుపరుచుకొనేదియేలాగంటేబహుదిక్కులవిచారించికార్యగురువుకాకాకుండు

రారణగాకునుకనుగొనువ్రికారణవంచనలేకుండానాలుగితిధాలశుశ్రూషచేస్తే,

వారికికటుర్షమువచ్చికానరానిపరమాత్మనురాజయోగానుచేతఅరక్షణములును.

అనేకకాలంప్రయాసపడితేగానికనబడనిపరమాత్మయర్ధక్షణంకనబడునుఅంతేసమ్మతి.

శ్లో:

ప్రాప్తేజ్ఞానేనవిజ్ఞానంధ్యాయతేహృదిసంస్తితేలబ్దశంతాంతిఫలేదినయోగోనచధారణ:

ఈశ్లోకతాత్పర్యమేమనితెలిసేది. గురుసేవజేసినవారికియోగంఅక్కరలేదు,

ధారణఅక్కరలేదుఅనుట.

భగవద్గీతశ్లో: షడంగాననుపైనబుద్ధంఅష్టాంగయోగాననుపైన బుద్ధంమనోవినాశనంననుపైనబ్ధంస్వయంచ తత్వంస్వయమేనబుద్ధం.

అనగాఏమంటండగయోగాలు, అష్టాంగయోగాలుతెలియలేదు. మనస్సునశంకలేదు. పరతత్వమయినపరమాత్మకానబడెననుట. ఈశ్లోకమునకుఅధ్వరవేదములోనిసిద్ధాంతగీతలోనిది. సద్గురుడుఆత్మోపదేశముచేసేటపుడుచెవులదగ్గరనుండేరెండుజ్యోతులుకానవచ్చును. అదియేమోక్షహేతువనితెలియవలెను.

మనుష్యులకానకాలముసమీపమయినపక్షమందుఅవసీరములోనుండేజీవుడువెల్లిపోవువిధమువివరించుచున్నాము:

అహింసారూపకమయినబ్మయగ్నముమొదలుషట్రహ్మలుచేసిబ్కర్మార్పనంచేసినమహాపుణ్యపురుషులకుకుడిదిక్కునుండిపింగళ్రహాడిమార్గానబాన్మలోకముచేరి బ్రహ్మతోకూడిముక్తుడవుననియనియనుట. ఇదియేదేవమార్గం. ఇంకాక్రమముక్తిమార్గముఅర్చిరాదిమార్గాలనికూడాగలవు. ఈమార్గానపొయ్యేదినాలుఏవియంటేఉత్తరాయనుక్లపకంశంపగలుపున్నమమొదలయి నదినములు. పునరావృత్తిమార్గము, ధూమమార్గము,

పితుర్యానముఈమార్గానపొయ్యినములుఏవంటదక్షిణాక్రిష్ణపక్షందశమి,

అమావాస్యమొదలైనదినములు. ఇదిసద్యోముక్తిమార్గము.

శ్రీమన్నరునిసగుననిర్గుణాలుసదాభక్తిజేసినందునఆయనయనుగ్రహుచేతసు

ఘుమ్నానాడిగుండాబ్రహ్మరంధ్రంచించుకాయణి,

యజరామరరూపమయినబ్రహ్మపదముబొందును. ఇందుకుసందేహములేదు.

శ్లో: అంతకాలేచమామేసరన్కళేబరం

య: ప్రయాతిసమదావంయాతినాస్త్యత్రసంశయ:

భగవత్గీత 8 అ 5 శ్లోలనిభగద్వాక్యం.

కనుకఈబ్రహ్మండమందెంతయున్నదోఅంతపిండాండముందున్నది.

అనివేదములయందుచెప్పబడియున్నదిగదా! అదివివరిస్తూఉన్నాము.

శ్లో: చంద్రంవినాచంద్రకళానుపూరంస్యంవినాసూర్యమహాత్ప్రకూరం

తేజోవినాతేజపర్స్వరూపేత్రంవిననేత్రసుపద్మసంస్థితం:

యనిసిద్ధాంతగీతలోయున్నదిగదా!

చంద్రునివలేనుండును, చంద్రుడుగాడు.

సూర్యునివలేనుండునుసూర్యుడుగాడు. మహాతేజోరుగానుండును. తేజస్సుగాదు.

ఈకన్నులుగాకనేపరమాత్మగానవచ్చును. ఇదిపురుషోత్తమునిస్వరూపము.

ఈపురుషోత్తమునిచేకల్పితమయినబ్రహ్మాండపిండాండుఅభేధముఏలాగంటేనా

సాగ్రదేశానకుపూర్వదిక్కుఇంద్రలోకముాలకును.

కనులయందుతోలోకముముండును. కుడిచేవియమనగరం. వీపునవరుణనగరం.

కంఠమందువాయునగరం. ఎడమచేవివామభాగమునకుబేరనగరం.

ఎడమకన్నుశివలోకం. శిరస్సుబ్రహ్మలోకం. అడుగులుశేషులు.

శివుడుకాగ్నిరుద్రుడునిండును. అరికాళ్ళుఅతల, పిక్కలురసతలం,

మోకంళ్ళుమహాతలాళ, తొడలుతలాతలం, కటిపాతాళలోకం.

ఇదినడుముదాకసప్తపాతాళలోకాలనిపించుకొనును.

ఈనడుముదగ్గరనేఆధారచక్రముండును.

ఆచక్రముమీదఆదిశేషుడుపడగఉంచితోకసహస్రారపర్యముంచిబ్రహ్మరంధ్రమందుంచు

కొనిపాతాళలోకాలకుదొరయైయుండును. అఘోరమయిననరకమనిపించుకొనును.

ఆవడిగలఅథ:కుండలిఅతడేజీవుడనిపేరుగలిగిపాతాళలోకమెల్లవ్యాపించియుండును.

సూర్యుడుమొదలుకొనిధృవమండలంపరంతంస్వర్లోక్య.

వాటివివరం: బొడ్డుదగ్గరభూలోకం, కుక్షిజనలోకం,

కనుబొమలసందుతపోలోకం. శిరస్సుబ్రహ్మలోకం.

ఈప్రకారంబ్రహ్మాండమంతాపిండాండమున్నది. ఇందులకులక్షణము.

శ్లో: దివంబ్రహ్మాండనిలయంఅస్మిన్దేహేప్రతిష్ఠత: బ్రహ్మాండమావృతందేవంమందమధ్యప్రతిష్టితిం అనిసిద్ధాంతగీతానుభవము.

మునుపుచెప్పినపదినాడులలోపింగళ, సుషుమ్నలవంచెప్పితిమివరిగద. కడమఏడునాడులవివరం: ఆస్తి, జిహ్వాకలురెండున్నుకన్నులయందునుండును. ఆలంబ, పుషయీరెండునుచేవులలోనుండును. క్రుకురు, దేవదత్తఈరెండున్నునాభిస్థానముందుండును. ఇడ, నాగఇదిమలమూత్రద్వారాలసందుననుండును.

దశవాయువులవివరం:

ప్రాణ, అపాన, వ్యాన, ఉదాన, సమాన, నాగ, కూర్మ, కృకర, దేవదత్త, ధనుంజయ.

వీటిలోప్రాణవాయువులుఅయిదు.

ఈవాయువులుగాకఇంకాపదివాయువులుగలవు. అవియేవంటేవజ్రుడు, ముఖ్యుడు, అంతర్యామి, ప్రాపంచికుడు. ఈవాయువులునడిచేక్రమం. ప్రాణవాయువులు 72000 నాడులుచుట్టుకోనిమూలాధారము "ఓం" అనివెళ్ళినాభిచక్రమందు "హుం" అనితాకి "సం" అనిఇడ, పింగళగుండాకపాలానకుచుట్టిఅక్కడుంచినాసికమునపిన్రెండుఅంగులములువెళ్ళి 4

అంగుళాలప్రమాణంవాయువులయమయి 8 అంగుళాలప్రమాణంలోనికిపోవును. కనుబోమలనడుమలయమగునప్రకారం 60 గడియలకు 21600 శ్వాసలునడుచును. ఇందులో 7200 శ్వాసలులయములవును. 14400 శ్వాసలునడుచును. ఈప్రకారంమనిషిమొదలుప్రాణాలకుఆయుర్దాయంక్షీనించును.

- అపానవాయుగుదస్థానముందుండిమలమువ్రమూతిసర్జించును.
- వ్యానవాయువుచర్మమందుండిస్పర్శభేధముతుస్తూకలలునిండించును.
- ఉదానవాయువుఉదరాగ్నినిరేపిభుజించినఅన్నోదకాలుపచనముచేసినాడులకన్నిటికిపంచిపెట్టిఅన్నిటినిపోషించును.
- సమానవాయువుఅన్నింటినానముగాపోషించును.
- ప్రాణవాయువుకర్మవాయువులవివరం.
- నాగవాయువుదు:ఖించేది, తుమ్మేది, కన్నులుతెరిచేది,ఎక్కిళ్ళువచ్చేది, వాకరించేది.
- కూర్మవాయువుసుఖమువికసించేది, కన్నులుమూసేది, గగుర్పాటుకలిగించేది. ఆవలింతలువచ్చేది.
- కృకురవాయువుహాస్యముచేసేది.
- దేవదత్తవాయువుపరుగుబారేది, తిరిగేది, యుద్ధముచేసేది.

- ధనుంజయవాయువుశరాన్నీ రిడిచిప్రాణముపోయినతానుమూడుదినములుండిశరీరమువ్యాపించిదేహముచెడినతరినతరాతతానుపోవును.
- వజ్రుడసేవాయువుకాళ్ళుయేముకలురెండు, కుదురుయేముకలురెండు, ఉన్నతాదులునిలిచిశరీరానికివాతము, దగ్గుశరీరముచిక్కిపొయ్యిన్నిచేరును. ఇంకానానాదాలానుగచేసును.
- ముఖ్యుడసేవాయుచేతులయేముకలురెండూకూడినతావుననిలిచిభుజమునందుండిశరీరానఉండేతతువాలన్లఒకవంకకెలెచ్చును.
- అంతర్యామివాయువుపురుషునకుశోషనమైనిలిచాణవాయువునుపిపేర్రేసును.
- ప్రపంచవాయువుశరీరానకుఅచ్చుచీలబిగంచినటులుండును. శరీరముచేడితేతానుచేడును.

ధాతువులేడింటికివివరము: రసము, రుధిరము, మాంసము, మేదస్సు, అస్థి, మస్తిష్కము, శుక్లము.

పంచకోశాలవివరము: అన్నమయ, ప్రాణమయ, మనోమయ, విజ్ఞానమయ, అనందమయకోశాలు.

వీటివివరము:

- అన్నమయమనగాసప్తధాతుమయమైస్తూలశరీరమందుండ్నరసముతోకుఅనిజీవుడాయెనుగనుకఅన్నమయకోశము.

- పంచప్రాణాలుకర్మేంద్రియాలనుకూడందునప్రాణమయకోశం.
- పంచప్రాణాలనుకర్మేంద్రియాలనువేరుచేయగామనోమయకోశము.
- ఆమనస్సు. జ్ఞానేంద్రియాలతోకూడుకోనగావిజ్ఞానమయకోశం.
- జీవుడుసుమ్నయందులవోలీనమవుతున్నాడుగనిదుకలవుఘుందమయకోశము.

ఈపంచకోశాలుఆత్మనుతియకుండాపోదవలెల్పుకొనియుండును. ఇదికోశాలవివరం.

ఇకదశావస్తలవివరం:

దశావస్తలనగాజాగ్రత్స్వప్న, సుఘుప్తి, తుర్య, తురాతీత్య, జాగ్రతలోజాగ్రత, జాగ్రతలోస్వప్నము, జాగ్రతలోసుఘుప్తి. ఈప్రకారముస్వప్నసుషుప్తులకుకాగాతోమ్మిది. తుర్యంపదియవది. తుర్యాతీతంఅతీతం.

వీటికివివరం:

జీవుడుభ్రూమధ్యమందునిలిచిసబ్ద, స్పర్ష, రూప, రసగంధాదులుఅయిదు. వచన, దాన, గమన, విసర్జన, ఆనందాలుఅయిదు. మనో, బుద్ధి, చిత్త, అహంకారాలు - ఈపదునాలుతమసమీపముగేవకులు.

సేవలుచేయగాపరమాత్మ అనుగ్రహమునజుడుసుఖదీవ:ఖాలనుచూస్తూరాజుగాఉండ గాజాగ్రదవస్థలనిపించుకొనును.

స్వప్న మనగాఅంతఃకరణాలునాలుగుతీసోనికడమపదిన్ని మధుకందునిలిపిజీవుడుఆన్యమాలింటిలోకంఠస్థుగందుంచిమనోబుద్ధులురెండుతీసానమోనిజీవుడుపెరేళ్ధులముచేరికార్యమగుచుండగోకసుషుపాసితప్పించుకొనును.

ఆరెండింటిలోమనస్సుఅక్కడినుంచిబుద్ధితోగూడజీవుడుమరియొకతావునకుపోయినపుడుతుర్యమనిపించుకొనును. అప్పుడుశ్వాసలుత్వరగావచ్చును. కనుకతుర్యమనబడును.

తుర్యాతీతమనంగాఆబుద్ధిఅక్కడినుంచిజీవుడుతానుఅజ్ఞానమందుబడితన్నుతానుమరచిపైనపాముపారిననుతెలియకయుండేదేది. తుర్యాతీతము.

ఇదిగాకమధ్యావస్థలనికలవు. వాటికిన్ని జాగస్వప్న సుషుప్తులుగలవు. ఎలాగంటేమునుపుఒకరినిగుర్తేరిగియుంటేవాడుకొన్ని దినములకువచ్చినన్ని గుర్తెరుగువియంటేయెరుగునన్న దాయనుర్యావస్థ.

ఇతడెవరోయనిసందేహముచేతతెలియనిదిసుషుప్తావస్థ.

కొంతసేపటికిఫలానిపేరుఆనాటివ్యారాలుచెప్పునదిజాగ్రదవస్థ.

జాగ్రతలోజాగ్రతనంగాఅంతఃకరణాలుఇంద్రియాలుఅనుభవిస్తుఅన్ని కూడఉండిజ్ఞానపరిపూరుడైయుండేదియేదోఅదిజాగ్రతలోనిజాగ్రత.

జాగ్రతలోస్వప్నముగ్గామునుపుఒకరికాటచెప్పియుండివిఒకములడిగినమరచితిరుగా అవుననేది.

స్వప్నావస్థమరచిపోయేనుగుర్తేరుగవనేదిజాగ్రత్తలోసుషుప్త్యవస్థఉచ్ఛ్వాసలుఅదనము గావెళ్ళేది. జాగ్రతలోతుర్యావస్థసకలమగుతలంపులుఅణగిబ్రహ్మమయియుండేదిన్ని. కన్నులుతేలవేసితూగువచ్చేదిన్ని జాగ్రతలోతుర్యాతీతం.

అవస్థలన్నిటికినిజాగ్రతలోస్థలాలేవంటే, వాటివివరం:భ్రూమధ్యమందుజాగ్రత. దానికిరెండంగుళాలమీదసుషుప్తి. దానికిరెండంగుళాలమీదతుర్యం. ఇదియేమేళనఅవస్థయనిపించుకొనును.

ఇదిగాకకేవలావస్థ, సుకలావస్థ, శుద్ధవస్థయనిమూడువిధాలు. ఇందులోకేవలావస్థమూలాధారనబడిసర్వాంగములనుతెలియకఆణవమలమనేదిక ప్పుకోనియుండేది. అంతఃకరణాలనుప్రాపుగాచూచేదిసిద్ధావస్థ.

అమావాస్యనాడుచంద్రోదయం

"వేదవద్వీరనార్యాణంసుబ్బయార్యమమాత్మజః
వీరభోజోద్భవంపక్షేదైవజ్ఞాభీష్టసిద్ధయే.
తదేవానందబ్రహ్మోక్తసిద్ధాంతేనకరోమ్యహం
భానుమత్యనుసారేణరుద్రాందానాంతులక్షణం
గజవేదనవాంభోధీకలివర్షగతేభువిః

ప్లవంగాబ్దేభానుబింబంకంకణాకారముచ్యతే.

ప్లవంగేద్విగ్రహణాఃసూర్యాచంద్రమసోక్రమాత్

ఇమేపంచగ్రహణాశ్చ కృష్ణవేణ్యాశ్చ దక్షిణే.

యమేసూర్యగ్రహేకించిత్త్వ శ్యాదృ శ్యోభవేత్తతః

యమేచతుస్యాగ్రహణాంకృష్ణవేణ్యుదగ్దిశి.

జనానాంసర్వదేశానంసోఖ్యార్థంగురుమహావయమ్

అయమాదిత్యమధ్యేతుసవ్యస్యంకంకణాకృతిః

సేతువేషార్థయోర్మ ధ్యేకాశీశ్రీరంగదేశయోః

భిన్న కంకణరూపస్యాంకుంభకోణేరవేర్వపుః

గౌతమీనర్మ దామధ్యేభిన్న కంకణముచ్యతి

తస్యాఉదీచిగ్భా గేకాశీవింధ్యాద్రయోరపి

అస్మి న్శ్రీశైలదేశేతుకంకణాకారముచ్యతి

శేషాద్రిగౌతమీమధ్యేఉదయోదివిదృ శ్యతి.

ప్లవంగేపంచగ్రహణేసూర్యాస్తువలయాకృతిః

తన్మ ధ్యేవిష్ణురూపస్యాత్తద్భక్తానాంప్రియావపమ్".

Subbaraya Kalagnanam

"భానుబింబమందువిష్ణురూపముచూచి

భక్తులుసంతుష్టులయ్యేరుమా

పూనిపౌర్ణమినాడుఅమావాస్యఅయ్యోని

పూలవర్షములుగురిసీనిమా".

Govinda Vakyam nr 286, Veera Brahmendra Swamy.

"వీరభోగవసంతరాయలుభూలోకానికివచ్చేకాలమందుపుట్టేకార్యాలుఅమావా

స్యనాడుచంద్రోదయమయ్యోని. పుష్పములవానకురిసీని."

Kalagnana Soujanya Patrika No.1

"ఈరీతినసూర్యమండలమందుచంద్రుడుఅంతాప్రవేశించియుండును".

చుట్టూవారాఎక్కువగాఉన్న సూర్యబింబమువలయాకృతిఅవును.

నడుమనున్న టువంటిచంద్రుడువిష్ణురూపంగాఅగుపడును. ఇదేఅమావాస్యపూర్ణిమ.

అనగాసూర్యమండలమందుచంద్రుడుఉదయించినాడనితత్త్వవేత్తలచేపలుకబడినమరు

గుమాట.

ఇదేఅమావాస్యనాడుచంద్రోదయమయినదిఅన్నబ్రహ్మవిట్టలేతారైనవుసుకొనిసంతోషప

డుతున్నారు".

11. rozdział Kalagnanamu

ప్లవంగనామసంవత్సరంలోవచ్చేసంపూర్ణసూర్యగ్రహణంలో,

సూర్యుడువలయాకృతిలోకనబడుతాడు.

ఆసూర్యబింబంమధ్యలోభక్తులకుఅణుసమానమైన,

బంగారువర్ణంలోప్రకాశించుశ్రీమహావిష్ణువుదర్శనమిస్తారు.

అమావాస్యపౌర్ణములమధ్యలోకంలోనిపుణ్యప్రాణులపైపుష్పవానకురిపించినట్టుగట

హుకీర్తిపొందుతారు. ఇట్టిరహస్యమైనసూర్యగ్రహణాన్నేపెద్దలు

"అమావాస్యనాడుచంద్రోదయం" అనిఅన్నారు.

ఈదృశ్యంచుసేనాటికిభూమియందువీరవసంతరాయలుఉద్భవించివుంటారు.

ఈయొక్కరహస్యమువంటిఈగ్రహణముభూమియందుదృష్టాంతరంచూచేయెడలలోకా

నికివిరోధముగలిగేటట్లుపుణ్యాత్ములువాడైనటొందురు.

ఇదివీరధర్మజులుఉద్భవముఅయ్యేటందుకుహేతువు.

వీరవసంతరాయులు

జననం

జనియించువిధములుచెప్పశక్యముగాదుగనుకగురుకృపవల్లతెలిసీనిమా

పనుపడిపల్కెదపరమాత్మలీలలుపంచసహప్రాణిపైతెలిసీనిమా

యామానకోకచుక్కచొప్పుననునాల్గుయామాలచుక్కలుపుట్టినిమా

ఇమ్మహిలోనుండుపుణ్యులనురక్షింపశీమాన్వీరయోగ్రుట్టినిమా

కేదారేశ్వరునికీర్తివిద్యుతమైనకిరనముమీదటఅయ్యానిమా

నాదోయమిశ్రీనారాయణస్వామాడెఅవతరించివచ్చేనిమంతర

విశ్వావసులోనఉద్భవమయ్యానికాశకులములోనబుట్టీనిమా

పశుసంవత్సరంప్రాకృతమయ్యానిపశ్చిమదిశలందుప్రబలీనిమా

వాసుదేవుడుపుట్టివర్ధిల్లిచుండియువసుధభారముమాంపవచ్చీనిమా

కాశ్మీరస్థలములహరిజనించికదలకఆర్నెల్లునిలిచీనిమా

Govinda Vakyam nr 56, 57, 58, 60 i 62.

"ఇట్టిరహస్యమైనసూర్యగ్రహణాన్నేపెద్దలు "అమావాస్యనాడుచంద్రోదయం" అనిఅన్నారు. ఈదృశ్యంచుసేనాటికిభూమియందువీరవసంత రాయలుఉద్భవించివుంటారు".

11. rozdział, Subbaraya Kalagnanam.

"Przybycie Syna Człowieczego w roku jubileuszowym spowoduje, że granice RPA będą sięgać poza Zimbabwe i Namibię."

Przepowiednie Nicolaasa "Sienera" van Rensburga, Południowa Afryka. 1920 AD

"ధర్మజునిపుట్టుబడియెరుగలేరు, తెలియరాదు". కారణమెవ్వరుకానంగలేరు".

సంకర్షణమార్కండేయసంవాదము, trzeci rozdział Księgi Kalagnanamu.

FSC
www.fsc.org
MIX
Papier | Fördert
gute Waldnutzung
FSC® C083411

Kolibri 360 GmbH
Ferdinand-Jühlke-Straße 7
99095 Erfurt, Deutschland
produktsicherheit@kolibri360.de

Druck:
CPI Druckdienstleistungen GmbH
im Auftrag der
Kolibri 360 GmbH
Ferdinand-Jühlke-Str. 7
99095 Erfurt